いつものメイクを少し変えるだけで－10歳

神錯覚メイ

メイクアップアーティスト
CeCe

KADOKAWA

PROLOGUE

40代、50代
大人の女性はメイクで
もっと美しくなれる

メイクアップアーティストのＣｅＣｅです。
私はこれまでパリコレモデルや著名な方々を含む
５０００人以上の方々のメイクを担当し、
１万人以上の方々に美容のアドバイスを行ってきました。

その経験から言えることは、年を重ねても、
年齢による顔立ちの変化や傾向を知り、
目立たないようにする工夫をしたり、
逆手にとった「錯覚メイク」をすれば、
誰もが年齢よりも若く美しくなれる、
マイナス10歳も決して夢ではないということです。

PROLOGUE

普段のメイクを、ほんの少し変えるだけでいい

重要なのは、顔立ちの変化に気づき、
メイクを少しだけ変えることです。
この本では、一般の方をモデルに
具体的にメイク方法をお見せします。
これまで語ってきたことも整理し、
順序立てて体系的にまとめ、
皆さんにわかりやすく
マネしやすい内容になることを心がけました。

錯覚メイクでチェンジした9人の方の
実録ビフォーアフターと、お悩み解決方法、
ステップごとのメイクの仕方、
おすすめのアイテムを解説します。
この中から、あなたの参考となるメイク方法が
少しでも見つかり、
あなたが輝くためのお役に立てると幸いです。

さあ、始まるよ〜。

CeCe

/ 目次

PART 3

マネしやすい！ ステップ別 神錯覚メイク 037

/ 目次

CeCe's Tips

PART 1

アラフォー以降チームの

今までのメイクが似合わなくなったあなたへ

今までのメイクがなぜ似合わなくなってしまったのか、
どうすればもっと似合うメイクが見つかるのか。
そんな思いを抱えているアラフォー以降の皆さんに
笑顔につながる錯覚メイクのお話をしたいと思います。

CeCe'S WORD

1.

なぜなら年齢とともに顔立ちがミリ単位で変わっているから

「今までのメイクが似合わなくなった」と感じているアラフォー以降の皆さん。もしかして、5年前、10年前からメイクを更新していないなんてことはありませんか？　顔立ちは、年齢を重ねるごとにミリ単位で変化しています。アラフォーともなれば、表情のクセや老化現象で、顔のどこかしらにガタがくるのも避けられません。それなのに、メイクが昔のままだったら似合わなくなるのはあたりまえ。

例えば、「チークは頬の一番高いところを基準にして入れる」という方法を今もかたくなに守っていると、〝残念チーク〟になってしまいます。年齢とともに頬のトップの位置は下がっていくので、いつのまにかチークの位置もどんどん下がってしまうからです。チークの位置が低いと、顔の重心が下がり間延びして見えます。

それと同じようなことが、まゆや目、口元でも起きているかもしれません。顔立ちが変化した自分を一度よく観察して、似合わなくなった原因を探してみましょう。今こそ、いつものメイクを見直すとき！

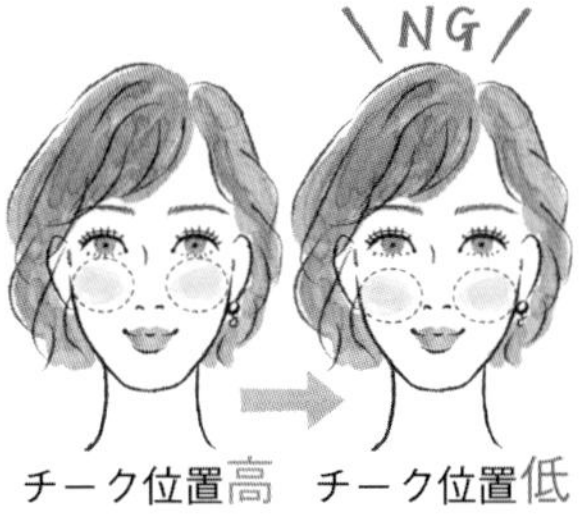

チークのトップ位置が下がると老けた印象になる。

CeCe'S WORD

2.

「面長になる」「余白が増える」…まずは、その傾向を知っておこう

年齢を重ねると、顔にどんな変化が現れると思いますか?

おでこが広く平らになる。生え際が四角くなる。こめかみがやせてへこむ。まぶたが垂れる。目がくぼむ。頬の肉が下がり、頬骨が出てくる。鼻の下が伸び、上唇が内に巻き込まれて薄くなる……。このような変化により、アラフォー以降の顔立ちは「面長になる」「余白が増える」「のっぺりする」「四角くなる」といった傾向があります。

もうひとつ知っておきたいのが、4つの「ダウンライン」のこと。重力に負けて顔全体が落ちてくると、①目尻下がりライン、②ゴルゴライン、③ほうれい線、④マリオネットライン(P.73)として表面化。ダウンラインは老け見えの原因です。

さあ、傾向を知ったら、あとは対策するだけ。面長→横へ広げる。間のび→距離を縮める。余白→埋める。のっぺり→立体感をつける。四角→角を取る。さらに、4つのダウンラインをメイクで目立たせない工夫をすれば、若見えが叶えられます!

Before
After

CeCe'S WORD

3.

「錯覚メイク」なら印象を激変させることができる

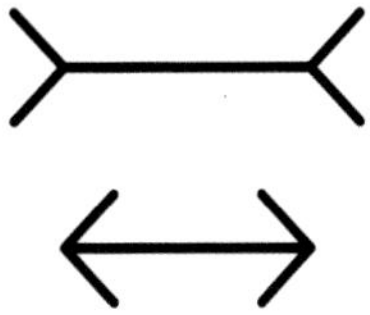

同じ長さの線でも、その両端についている矢印の向きで線の長さが変わって見える（ミュラー・リヤー錯視）。

メイクは笑顔を手に入れるためのツールであり、自分らしく心地よく生きる手段。私はそう考えています。そして「錯覚メイク」とは、本来の美しさに戻り、自信あふれる笑顔になるために私が考えた美容テクニック。誰かに似せて若づくりをするのではなく、自分本来の素材や魅力を生かして若々しく見せるメイク方法です。

その名の通り、目の錯覚効果を取り入れているのが特徴です。美術の授業などで、「錯視」を経験したことはありませんか？　脳がだまされて、同じはずの大きさや長さが違って見えたり、平面図形が立体的に見えたりする、アレです。

錯覚メイクは、大げさなことをする必要はありません。いつものメイクより1㎜だけ位置を変える、わずかに角度を変える、少しだけ丁寧にする、グラデーションをつける……。実は誰にでもできることです。何気なく動かしている手のクセを見直したり、ちょっとした間違いや勘違いを正すだけで、プロのメイクに近づけますよ。大切なのは、「気づく」こと。気づけばメイクは変わるし、印象は激変します。

CeCe's WORD

4.

変化を恐れず、日々進化するアイテムを積極的に取り入れよう

コスメは、新しい自分に出会うチャンスをくれるものだと思っています。手に取ったとき、「なんて可愛いんだろう」「宝物みたい！」「素敵♡」とワクワクして、手のひらが温かくなるようなアイテムを見つけると、女性は魔法にかかります。そのコスメを使いたいと思った瞬間から、キレイが上昇し始めるのです。

スキンケア、ベースメイク、ポイントメイク……どのジャンルでも、進化を遂げたコスメが次々と登場しています。肌にのせた瞬間、使用感や美しい発色、艶感などに感動してしまうものもたくさん。ぜひ積極的に挑戦してみてください。コスメはあなたをキレイに輝かせようとしてくれます。あなたの肌やメイク、そして心が変わるきっかけになるかもしれません。

CeCe'S WORD

5. 素人こそ、いい道具を持つとメイクはずっと上手くいく

メイク慣れしていない初心者さんは、つい、「高価な道具を使うなんてもったいない」と思いがちです。でも、声を大にして言いたいのは「初心者こそいい道具を使って！」ということ。道具のレベルを上げることで、3段飛びで上級者になれると言ったら、驚きますか？

特にチークは、ブラシ選びで8割決まると言っても過言ではありません。ふんわり大きめの「きのこ筆」（P55）があれば、肌に溶け込むようなグラデーションチークが一発で成功します。チークパレットに付属の小さなブラシだと、初心者さんにはかえって扱いが難しく、キレイに仕上げるまでに時間がかかってしまいます。

理想の肌をつくるにも、目的に合ったファンデーションブラシがあれば簡単に塗ることができます。

CeCe'S WORD

6.／大人のたるみ目こそつけまつ毛が似合う

「つけまつ毛」と聞くと、ギャルの盛りすぎまつ毛を想像して、拒否反応を起こす人もいるかもしれません。でも実は、アラフォーからの大人の女性にこそ使ってほしいのが、目尻つけまつ毛。

大人のまつ毛は、加齢でハリやコシが失われ、毛量も減っていきます。「毛」は活力感や若々しさが現れる部分なので、つけまつ毛の力を借りることで、目元はぐっと若くなります。しかも、大人のたるみ目は、つけまつ毛をつけても接着面が見えにくいというメリットが。まぶたがたるんで目にかぶることで、まつ毛の生え際を隠してくれるので、上品で自然なつけまつ毛になります。

いくつになっても、あなたは美しくなれます。年齢を重ねたからこそできるメイクの力を活用しましょう！

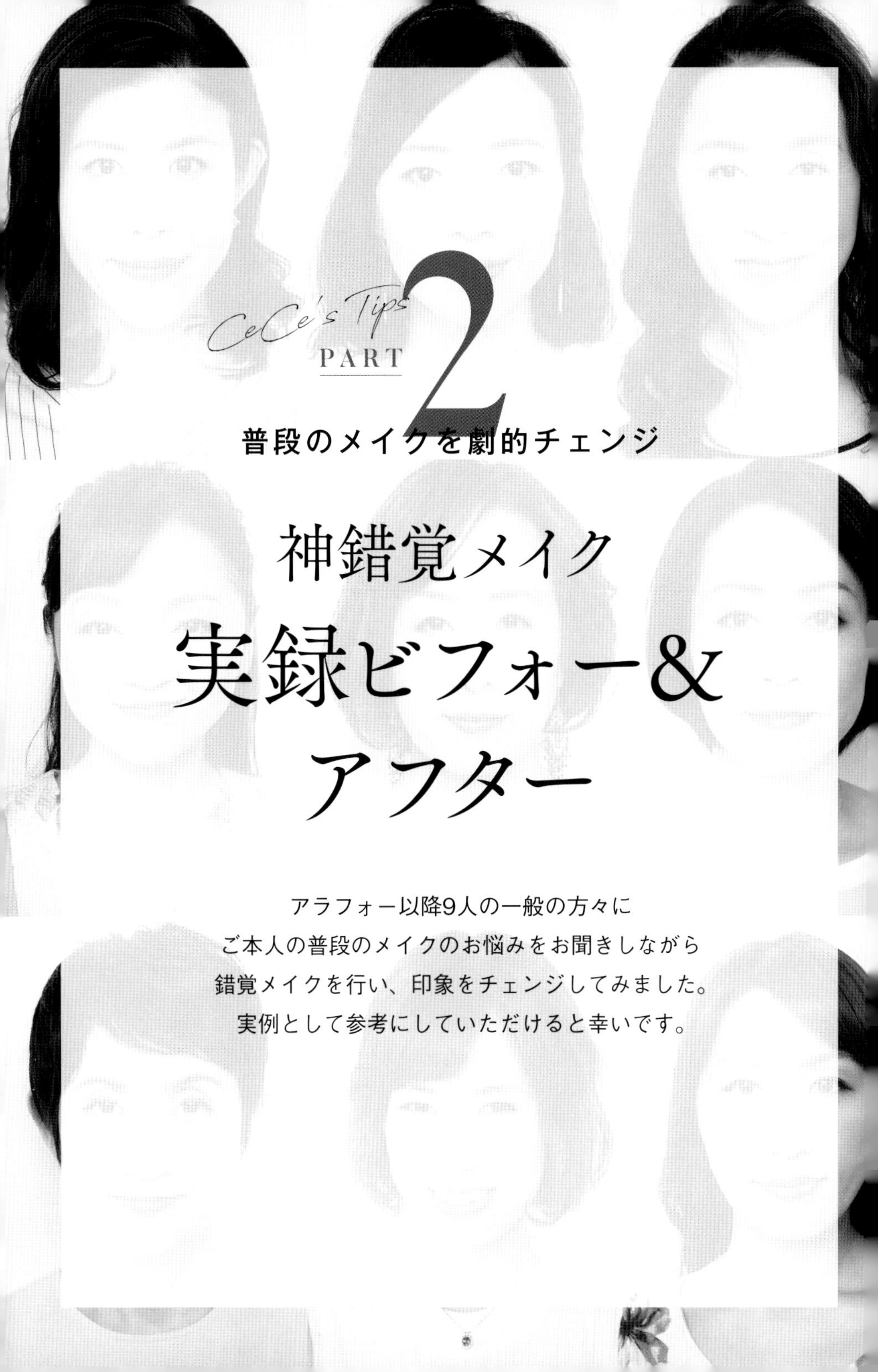

CeCe's Tips

PART 2

普段のメイクを劇的チェンジ

神錯覚メイク 実録ビフォー&アフター

アラフォー以降9人の一般の方々に
ご本人の普段のメイクのお悩みをお聞きしながら
錯覚メイクを行い、印象をチェンジしてみました。
実例として参考にしていただけると幸いです。

Case1

P117参照

を変えて劇的若見え

BEFORE

普段 メイク

POINT

急カーブの黒まゆとくっきりアイメイクで顔が派手に見えがち

もともと華やかな顔立ちの伊藤さん。普段のさじ加減がわからず、つい、趣味のフラメンコ用メイクのクセが出て濃くしてしまうそう。また、加齢で角度のついた黒まゆは目元がきつく見える原因。健康的な肌を生かせていないのも残念です。

お悩みポイント

庭のバラの世話で日焼けしがち。トーンアップした肌に見せたい

明るく見せたいがために、ベースメイクが白浮きぎみ＆艶が不足。

趣味のフラメンコのクセでアイメイクが派手になりやすい

淡紫のアイカラーと黒のくっきりアイラインが派手に見える原因。

特に左まゆに角度がつきやすく左右のバランスが揃っていない

角度がつきすぎた形や黒やグレーのまゆは、実は老けて見えやすい。

パーツがはっきりしているので派手顔になりやすい

まゆ、目、鼻がはっきりしているので、メイクのさじ加減が難しい。

50代後半

まゆ＆目のバランス

伊藤直子さん

AFTER

錯覚メイク

POINT

目元と肌を若々しく柔らかい印象に変えて優しく上品な美人顔に

年齢とともに間延びするまゆと目の距離を少し縮めて、若々しく引き締まった目元に。まゆとアイラインの色をブラウンにすると柔らかさも出ます。日焼け肌をマイナスととらえず、しっかり艶を与えることでイキイキとした明るい印象を実現。

解決ポイント

❶絶壁筆で艶肌を仕込む

リキッドファンデーションを絶壁筆で密着させると肌の艶感がアップ。ヘルシーな美肌に仕上がる。

❷まゆ毛のお引越し

まゆの上側をカットして下側を描き足すことで、角度をなだらかにしながら、まゆ毛の位置を下ろす。

❸元から美人の目元に

古さを感じさせる淡紫のアイカラーのベタ塗りを、肌なじみのよい紫のグラデ塗りにチェンジ。

❹上唇オーバーリップ

本来の上唇の輪郭より少しはみ出すように、丸みをつけて口紅を塗ると唇全体がふっくら見える。

❺上昇気流チーク

斜めに入れていたチークを勾玉形に変えると、頬がふっくら柔らかく、しかも引き上がって見える。

❻こめかみ、まゆ上、ハの字ハイライト

年齢を重ねるとやせてくるこめかみと、扁平になるおでこをハイライトでふっくら立体的に。

Case2

P118参照

涼しげな目元で洗練

BEFORE

普段
メイク

POINT

ナチュラル優先のあまりぼんやり顔になりやすく肌悩みもカバーしづらい

本当は肌悩みをきちんと隠したいけれど、厚塗りや化粧崩れを避ける方を優先しているという葵さん。メイクをしているにも関わらず、何となくぼんやり顔に見えてしまいます。ナチュラルな中にもメリハリをつけることで印象は見違えます。

お悩みポイント

素肌感を残しつつ美肌に見せたい

肌悩みは隠したいけれど厚塗りは嫌、というジレンマに陥っている。

目をぱっちり大きく見せたい

目を大きく見せたいものの、アイラインをキレイに引くのは苦手。

毛穴の黒ずみが気になる

小鼻の毛穴をナチュラルにカバーしながら、化粧崩れも防ぎたい。

目の下の小ジワを目立たなくしたい

目の下から頬骨の上の範囲に出現する小じわが見た目年齢を左右。

40代 後半

大人ベースメイクと

葵紀子さん

AFTER

錯覚メイク

POINT

内から輝く肌と目力アップメイクで一気にあか抜け

毛穴やシミなどをしっかりカバーしているのに厚塗り感がなく、内側から光を放つような肌は下地の使い方がカギ。頼りなさげに見えていた下がりまゆの形を整え、目をぱっちりと強調することで、あか抜けて自信のある表情になります。

解決ポイント

❶凹凸埋め下地でなめらか肌

凹凸埋め下地を毛穴の四方八方から塗り込み、フラットな肌に整えるひと手間でベースメイクの仕上がりが激変。

❷発光艶肌を仕込んでアラを飛ばす

パール入りのラベンダー色下地で光を仕込めば、肌のくすみやシミなどのアラを飛ばすことができる。

❸目尻強調アイカラーにチェンジ

ライトグリーンの単調塗りから、ブラウンで目尻を横V字に囲むアイカラーに変えるとアイライン効果まで実現。

❹インライン&つけまつ毛

まつ毛の上にアイラインを引かなくても、インラインと目尻側1/3のつけまつ毛で目力がアップ。

❺目まわりをトーンアップ

ピンクみのある明るめコンシーラーで目まわりをトーンアップし、悩みの小ジワをカモフラージュ。

❻元から美人リップ

ティントリップで血色感を仕込み、オイルリップで艶をプラス。元からキレイな唇に見せる。

Case3

アップ効果で女度UP

P119参照

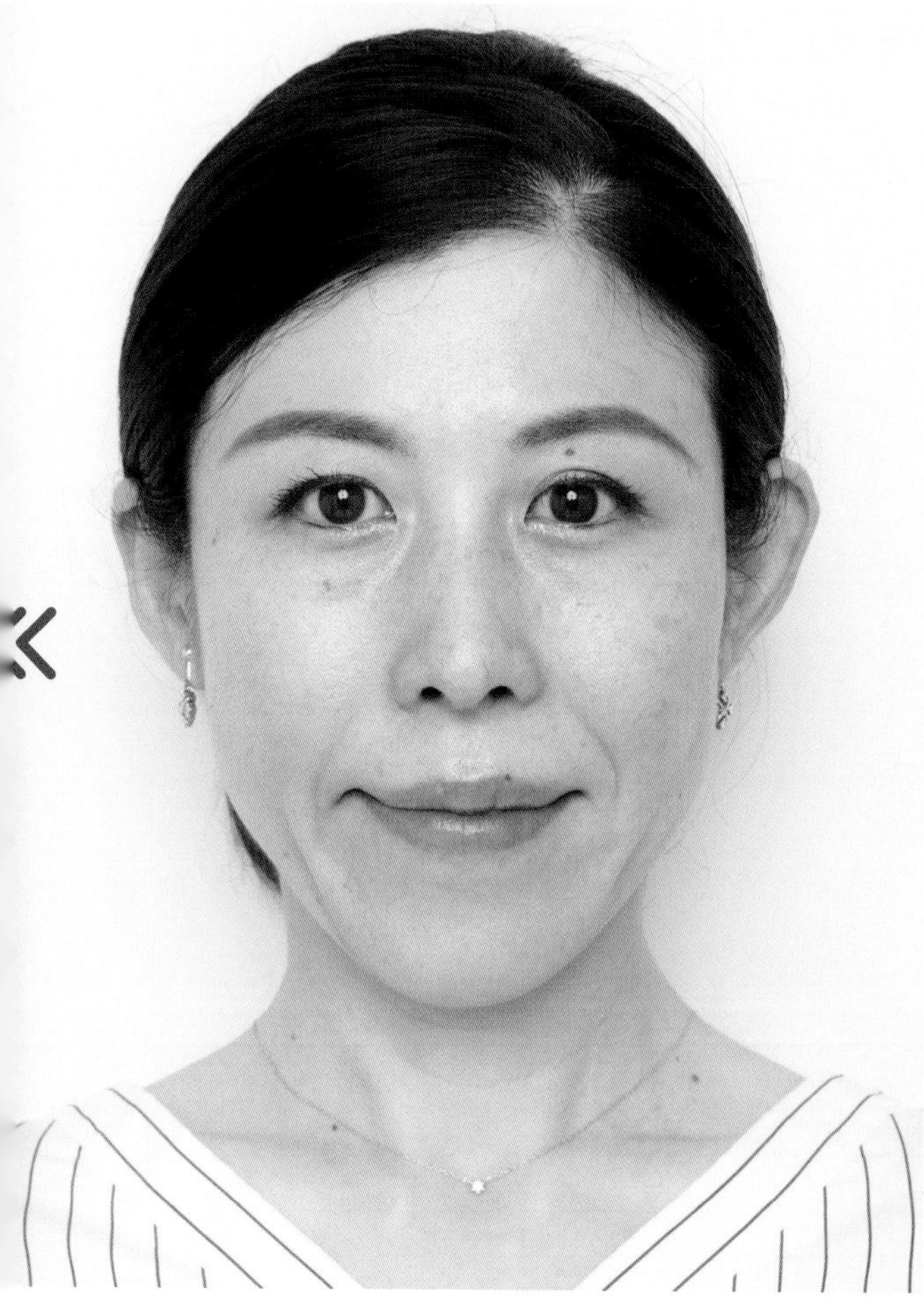

BEFORE

普段
メイク

POINT

頬が下がり間のびした“のっぺり顔”対策が手つかずのまま

筋肉の衰えや肌のハリ感低下で、若い頃はふっくらしていた部分がやせたり下がったりします。菅沼さんも、こめかみや頬、口元にそんな変化が現れる年齢。まゆやアイメイクは丁寧ですが、メイクによるリフトアップ力を使えていない状態です。

お悩みポイント

女性らしくイキイキとした印象になりたい

イキイキとして見えるかどうかは、肌や唇の艶と血色感にかかっている。

目頭から伸びるゴルゴラインで疲れ顔に見える

目頭から頬に向かってハの字に伸びるゴルゴラインも、老け見えの要因。

鼻の下から唇の距離が広がり間延びしてきた

筋肉の衰えで唇が下がる＆唇がやせると、鼻の下が間延びしてしまう。

顔の下半分のダウンラインが目立ち始めた

ほうれい線や下がった口角は、加齢で生じる顔のダウンラインのひとつ。

年齢とともにこめかみがやせ、面長化している

こめかみがやせてへこむと顔が縦長に伸びたように見え、老けた印象に。

40代前半

上昇ラインのリフト

菅沼和歌子さん

AFTER

錯覚メイク

POINT

ダウンラインに逆らう上昇気流をつくり顔を引き上げて見せる

チークやハイライトを使って顔の中に上昇ラインをつくることで、顔全体がキュッと引き上がって見えます。さらに、目尻のつけまつ毛や、厚みと艶を与えるリップメイクで、女性らしさを引き立てるパーツもしっかりリフトアップ。

解決ポイント

❶上昇気流チーク

チークを勾玉形に入れることで、下がって平坦になっていた頬にハリ感と上昇気流をつくる。

❷上昇気流ハイライト

やせてへこんだこめかみをハイライトでふっくらと。斜め上に向かって仕込むことで目元を引き上げる効果も。

❸まゆ上、ハの字ハイライト

まゆ山の上のハイライトでおでこを立体的に見せ、ハの字ハイライトでゴルゴラインを飛ばして肌艶もプラス。

❹口角上げコンシーラー効果

明るめのコンシーラーで、口角の下の影やくすみをカバー。口角がキュッと上がって見える。

❺上唇ライン補正

リップブラシを使って上唇を少しだけオーバーリップにして丸みをつけ、ボリューム感をアップ。

ンジで大人華やか

Case4

P120参照

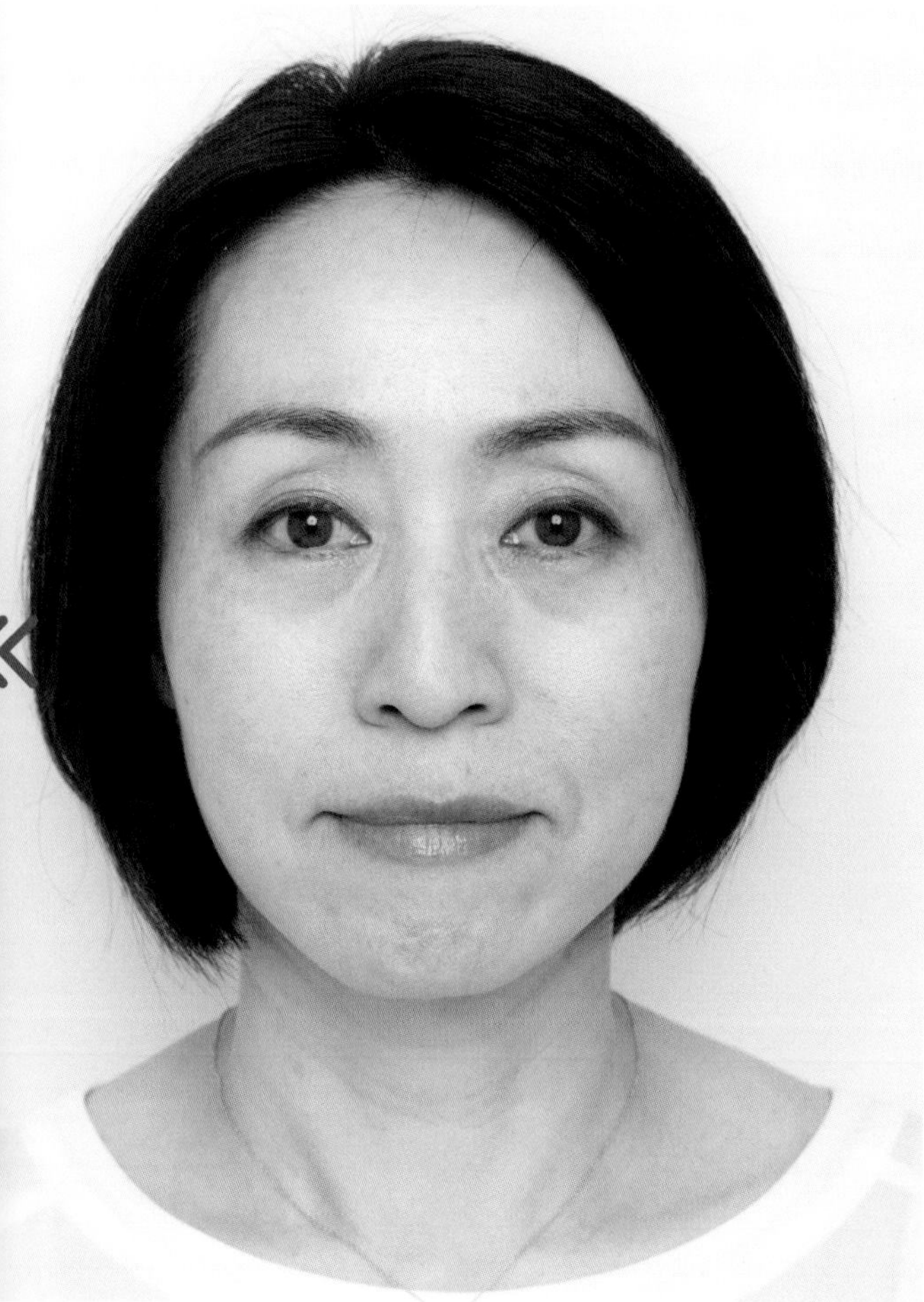

BEFORE

普段

メイク

POINT

物足りないメイクで「疲れているの?」と聞かれてしまうかも

見浪さんのお悩みは、非対称のまゆと疲れて見える目元。まゆは丁寧に描かれていますが、まゆ山やまゆ頭の位置がずれているのでアンバランスに見えます。目元はやりすぎ感を避けた結果、本来の美しい目の印象がぼやけてしまうことに。

お悩みポイント

写真に写るのがコンプレックスになっている

以前より顔がぼやけた感じや老けた印象が出て、写真で見ると余計に気になる。

シミや赤み、頬のたるみ毛穴が気になる

シミやニキビ跡、赤みのあるポツポツ、毛穴など肌のアラをなるべく隠したい。

目の下のクマが年々濃くなり疲労感が目立つ

目の下のクマが気になる。特に、忙しい時や寝不足のときは疲労感があらわに。

年齢とともにまぶたがくぼみ影になっている

目が大きい人ややせている人は、年齢を重ねるとくぼみ目になりやすい。

左右のまゆの高さや位置がアンバランス

まゆは左右で生え方が異なるうえ、年齢による顔の変化でより非対称になる。

40代
後半

まゆ&目元の印象チェ

見浪留美さん

AFTER

錯覚
メイク

POINT

キリッとしたまゆと彫り深いくっきり目元で写真映えする顔立ちに

毛穴や赤みを専用の下地で、クマをコンシーラーで消せば、ファンデーションを厚くしなくても肌の印象が見違えます。左右が揃ったエレガントなまゆ、大人の余裕と色気を感じさせる目元、華やかな唇で、疲れ知らずの写真映えメイクが完成。

解決ポイント

❶まゆ山&まゆ頭の位置を揃える

まゆ山を少し外側にずらし、まゆ頭の位置も揃える。左右のバランスが整い、年齢による間延び感も解消。

❷くぼみ目を生かす肌なじみアイカラー

肌なじみのよいベージュとブラウンで自然な陰影をつけるだけで、目のくぼみは大人ならではの色気に変わる。

❸目尻伸ばしアイライン

目元がぼやけがちな大人世代は目幅全体にアイラインを。目尻は3㎜ほど長く伸ばし、目の輪郭と奥行きを強調。

❹横V字囲み&目尻つけまつ毛

上下の目尻に締め色をのせて横V字をつくり、目尻つけまつ毛をつけて、目が横へ広がる錯覚を起こす。

❺下まつ毛マスカラ

下まつ毛は若々しさのカギを握るパーツ。紫色のマスカラで上品に濃度と密度をアップさせる。

❻アプリコット×イエローでクマ隠し

目の下のクマは、血色感を与えるアプリコットと透明感が出るイエローの重ねづけで自然にカバー。

Case5

P121参照

を減らして小顔美人

BEFORE

普段
メイク

POINT

見せたいパーツよりも肌面積の広い部分に視線が向いてしまう

吉田さんのこだわりは、まつ毛エクステなどのアイメイク。ただ、下まぶたに手を加えていないのがもったいないところ。また、求心顔なのでおでこや頬の間のびを放っておくと顔が大きく見え、パーツの存在感も弱まってしまいます。

お悩みポイント

今の素材を生かしながら、自分史上一番キレイになりたい

自分の肌やパーツの特徴を生かしたキレイさや、若々しさが理想。

若い頃よりもおでこが広がり顔が骨張って“面長四角”に

年齢とともにおでこが四角く広がり、頬が下がってくる傾向がある。

まゆの形を揃えるのが苦手。プレッシャーに感じてしまう

頑張って描いても、あとで鏡や写真で見ると左右の形が微妙に違う。

目をもっと大きく見せるアイメイク法を知りたい

メイクの中では目元に一番注力しているが、さらに効果を出したい。

40代 後半

目&まゆを広げ余白

吉田玲子さん

AFTER

錯覚メイク

POINT

パーツを際立たせて顔の余白を減らしフレッシュな小顔見せ

目は横と下に広げることで、大きく見せるだけでなく頬の余白を埋める効果も発揮します。まゆ尻をしっかり描くことや、おでこの角を取るように影をつけることも余白減らしに効果的。パーツの存在感がアップして、ハツラツとした小顔美人に。

解決ポイント

❶面長解消まゆ

まゆ山を少し外につくり、まゆ尻を濃いめに描くことで、面長になりがちな大人の顔を横へふっくら感じさせる。

❷左右のまゆのバランスをとる

よく観察しながら、左右交互に少しずつ描いていく。たまに表情を変えてまゆを動かし、バランスを見ると◎。

❸ニセ目尻ラインでぱっちり目

自分の目尻より少し外にはみ出すようにアイライナーの筆先をあて、"ニセ目尻"をつくると目が横に大きく。

❹下まぶたメイクで可愛い目元に

下まぶたの目尻側1/3くらいにアイカラーをのせると、目の印象が大きく&可愛くなる。

❺こめかみふっくらハイライト

まゆ尻の下から目尻の下にかけてのCゾーンにハイライトを入れ、こめかみをふっくら見せる。

❻おでこ、あご下シェーディング

おでこの角とあご下（たるみが気になる部分）に影をつけると、"丸みのある小顔"＝若さが叶う。

Case6

P122参照

せて大人可愛い印象

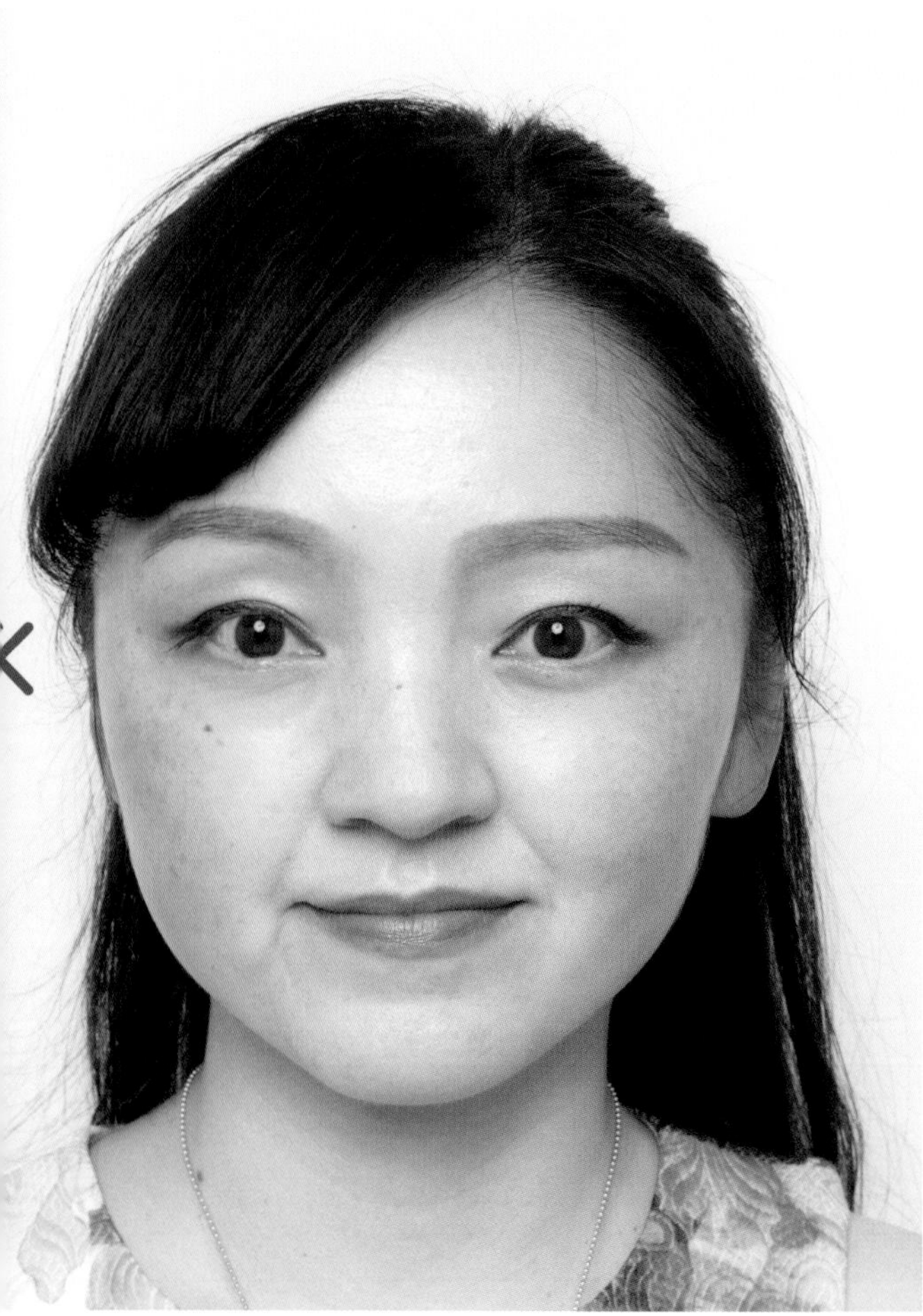

BEFORE

普段 メイク

POINT

一番目立つべき瞳がまゆに負けてしまって魅力が伝わりにくい

顔の中で最も視線を集めたいのは瞳ですが、今は黄みの強い太めまゆが主張している状態。中山さんの可愛らしい顔立ち（丸顔、遠心パーツ顔）とややミスマッチな印象です。そして、まゆ頭が内側すぎたり濃すぎると、気難しい表情に見えるので要注意です。

お悩みポイント

大人可愛い中にちょっとカッコよさのあるメイクをしたい

丸顔でも大人のカッコよさや強さがチラリと見える雰囲気が憧れ。

目の下のメイクをどうすればいいか迷ってしまい結局何もしてない

下まつ毛にマスカラを塗っても、なぜかしっくりこなくて断念。

自分に似合うまゆの形や色がなかなかわからず左右も不揃いに

角度や太さ、長さなど悩むところが多く、左右を揃えるのも難しい。

マンネリ化したアイメイクをイメチェンしたい

目元に華やかな色を使いたいが、はれぼったく見えるのが怖い。

40代
前半

目＆まゆを中心に寄

中山理加さん

AFTER

錯覚
メイク

POINT

**知的なカッコよさと
可愛らしさをあわせ持つ
メリハリ顔に変身**

まゆは自然なブラウンにチェンジ。やや角度をつけて直線的に描き、丸顔をすっきり引き締めます。顔の中心にハイライトで光を集めると、遠心パーツが寄ったように見えて大人可愛く。レフ板効果で、ピンクの目元がより華やかに見えます。

解決ポイント

❶シャープなアーチまゆに

まゆの上ラインと下ライン、まゆ山からまゆ尻を直線的に描けば、丸顔にメリハリが出てシャープな印象に。

❷まゆを瞳や髪の色と似た色に

アイブロウアイテムは、自分の瞳や髪の色に近いブラウンを選ぶと、顔から浮かず自然な仕上がりに。

❸ピンク下地で明るく元気な肌

ピンクの化粧下地を使うと、肌に自然な血色感を与えることができ、イキイキとした肌に仕上がる。

❹はれぼったく見えないピンクアイ

濃淡2色のピンクで、目尻側が濃くなるようにグラデーションをつくるとはれぼったく見えない。

❺求心効果ハイライト

左右の目頭を結ぶラインとゴルゴラインにハイライトを入れると、離れたパーツが寄って見える。

❻瞳を輝かせる下まぶたメイク

下まぶた中央の黒目の範囲だけ、ベージュのアイカラーをオン。瞳がキレイに、目が大きく見える。

ジで清楚な魅力開花

Case7

P123参照

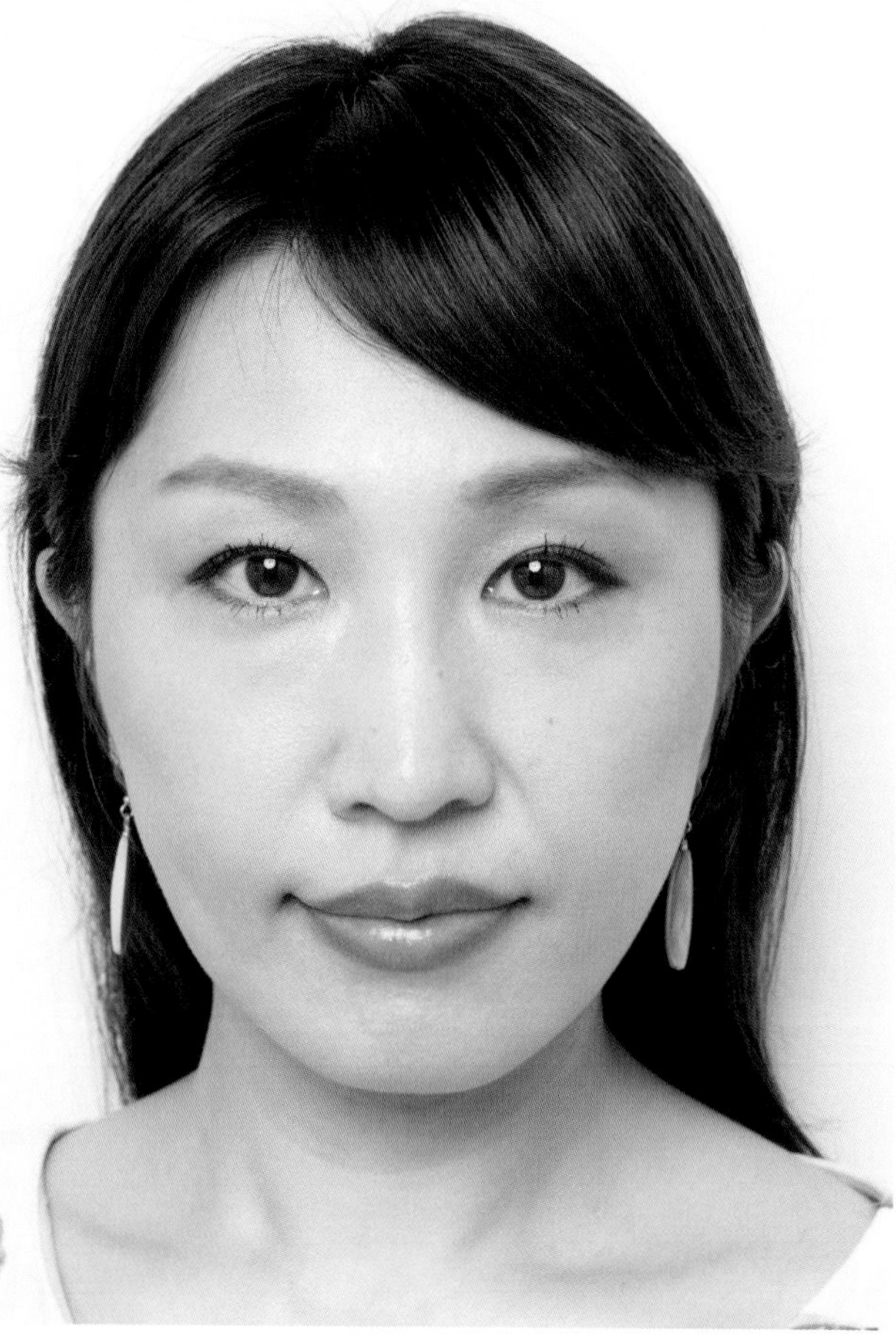

BEFORE

普段 メイク

POINT

凛とした求心顔×クールなメイクは隙がなく強い雰囲気

パーツが中央寄りの求心顔で、キリッとしている印象。角度のついたまゆや強めのアイライン、斜めチークなどのクールなメイクだと、カッコいいけれど近寄り難さも感じさせます。お悩みのほうれい線は、隠すより潤いでカバーを。

お悩みポイント

大人の魅力と若さを両立したい

年相応の大人の魅力とピチピチ感が共存するメイクを教えてほしい。

メイクで目元がきつくなりやすい

目力はなくさずに、柔らかい雰囲気のまゆやアイメイクを試したい。

とにかく若々しく元気に見せたい

若づくりではなく、イキイキとした明るい雰囲気をまといたい。

ほうれい線が気になる

ほうれい線をファンデーションで隠すと、時間とともによれてくる。

30代 後半

まゆ&目&肌チェン

MOKAさん

AFTER

錯覚 メイク

POINT

潤いを仕込んだ肌と柔らかく上品な目元で姉顔から妹顔に

スキンケアと高保湿ベースメイクで肌にたっぷり潤いを与えて、ハリと透明感をアップ。ふんわりまゆとブラウンアイで清楚な目元をつくり、目尻つけまつ毛で目力をキープします。チークとリップは、大人に似合うローズカラーで統一。

解決ポイント

❶メイク前のスキンケアでピチピチ肌

肌を柔らかくして水分と油分をきちんと与えれば、メイクのりのよい肌に。ベースアイテムも保湿力を重視。

❷ふんわりグラデーションまゆ

まゆ尻は濃く、まゆ頭は薄くなるようにグラデーションをつけて描き、スクリューブラシで毛流れを整える。

❸目まわりをトーンアップ

目まわりが明るく清潔感があると、顔全体がイキイキ。コンシーラーやピンク系ハイライトでトーンアップ。

❹ヌーディアイカラーで清楚な目元

ベージュのクリームアイカラーに繊細なラメ入りパウダーアイカラーを重ね、目のキワに締め色を。

❺大人の華やかチーク&リップ

チークは勾玉形に入れ、ブラシに残った粉をあご先にものせる。上唇をぷっくりオーバーリップに。

Case8

イクで幸せオーラ顔

P124参照

BEFORE

普段
メイク

POINT

ハリ、艶、血色不足で目元や頬がお疲れモード。幸福感もダウン

メイクをしたつもりでも、目の下の影や毛穴をカバーできていないという瀬戸山さん。つり目や骨張ってきた頬の影響できつく見えてしまうことや、生え方がまばらなまゆも悩み。メイクで目指したいのは、ふっくら柔らかい仕上がりです。

お悩みポイント

メイクをどこまで濃くしていいのか加減がわからない

濃くしたつもりでも、自分が写った動画や写真を見ると変化がない。

20代の頃から自分のメイクを更新していない

ずっと同じメイクなので、可愛さや新鮮さを取り入れて変わりたい。

目の下のくぼみや影、毛穴目立ちをどうにかしたい

目の下のくぼみや影のせいで、元気がなさそうに見えてしまう。

つり目できつく見られやすいので柔らかく見せたい

初対面の人との仕事も円滑になるように、第一印象をよくしたい。

30代後半

頬&目元の柔らかメ

瀬戸山エリカさん

AFTER

錯覚メイク

POINT

明るくふっくらした頬や可愛げのある目元で幸せオーラを放出

毛穴や目の下の影は、下地で“なかったこと”に。上昇気流チークで頬に艶とふっくら感を与えて、明るい色のリップで元気に見せます。ムラのない美まゆと、たれ目効果を狙ったアイメイクでまなざしが優しくなり、顔全体が柔らかい雰囲気に。

解決ポイント

❶毛穴埋め下地で目立たせない

毛穴を埋めてフラットに整える下地を、小鼻や頬、眉間、あごの気になるところに塗り込み、毛穴を隠す。

❷アプリコットで目の下の影を飛ばす

アプリコットのコントロールカラーを目の下に点置きし、指の腹でポンポンと伸ばす。影やくすみとサヨナラ。

❸ムラのあるまゆを整える

まゆのアウトラインと毛の足りないところは細かく描き足し、密集しているところはまゆマスカラでぼかす。

❹上昇気流チークでリフトアップ

艶系チークを勾玉形に入れて上昇気流をつくり、頬をふっくらさせれば、幸福感が生まれる。

❺あご先チークで今っぽい顔

頬にチークを入れたあと、残った粉をあご先にのせる。あごに立体感が出て、今っぽい顔立ちに。

❻つり目を優しく見せる目尻カラー

下まぶたの目尻から黒目の外側まで、ブラウンのアイカラーをのせると、優しさと色気が出る。

Case9

P125参照

大人の余裕を演出

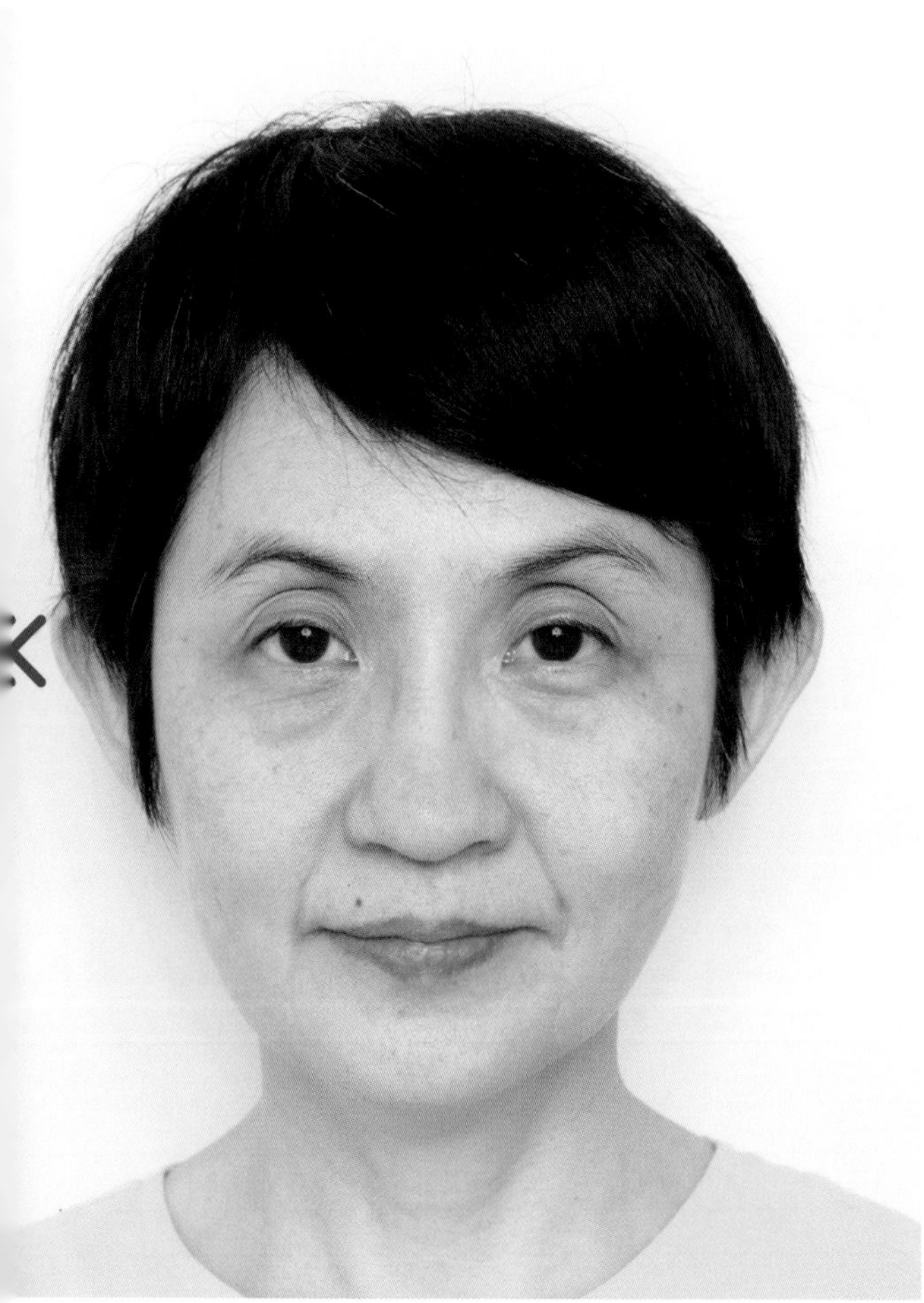

BEFORE

普段
メイク

POINT

**自然体で楽ちんでも
魅力を引き出しきれない
ありのままメイク**

安藤さんは普段からほぼノーメイクに近く、日焼け止めやリップを塗る程度。肌がキレイですが、赤みやシミは気になっているそう。手つかずで急カーブのまゆはきつさや古さを感じさせると同時に、まぶたのくぼみを強調してしまいます。

お悩みポイント

**シミやそばかすを
自然に隠したい**

特に、目まわりや頬骨のあたりに広がるシミ、そばかすが気になる。

**鼻の赤みが
気になる**

鼻の頭や小鼻まわりにポツポツと赤みが出ているのでカバーしたい。

**目の上がくぼんで
暗く見える**

目の上がくぼんでまぶたに影ができ、目元全体が暗く見えてしまう。

**普段からメイクを
ほとんどしない**

メイクに自信がないうえ、マスク生活が続き余計にしなくなった。

50代 前半

穏やかなまゆと目で

安藤真弓さん

AFTER

錯覚 メイク

POINT

落ちついた洗練まゆと可愛い色気を秘めた目で女性らしさを感じさせて

普段の素肌感からかけ離れないように、色と光で肌悩みをカバーして若々しく。まゆはムダな毛や角度を取り穏やかな印象に。くぼみ目を逆手にとり「彫りの深さ」として生かし、おちゃめで色っぽいパリマダムのような目元をつくります。

解決ポイント

❶グリーンの下地で鼻の赤みを消す

赤みと反対色のグリーンの下地で、ニュートラルな肌色に戻す。それからファンデを塗れば自然にカバーできる。

❷まゆをふわっと穏やかに

まゆ毛のはみ出しや密集を処理してから、なだらかなまゆを描く。仕上げはまゆマスカラで瞳より明るめに。

❸くぼみ目を生かして可愛らしく

目頭側に明るい色、目尻側に濃いめの色を使ったグラデーションアイカラーで、彫り深く可愛らしい目元に。

❹ピンクゴールドのハイライトで シミ、そばかすを消す

艶と輝きを与えることでシミやそばかすを飛ばし、厚塗り感なく肌を明るくキレイに見せる。

❺コンシーラーで口角上げ

口角の下にピンク系のコンシーラーを塗り、指でなじませる。影が消えて口角が上がって見える。

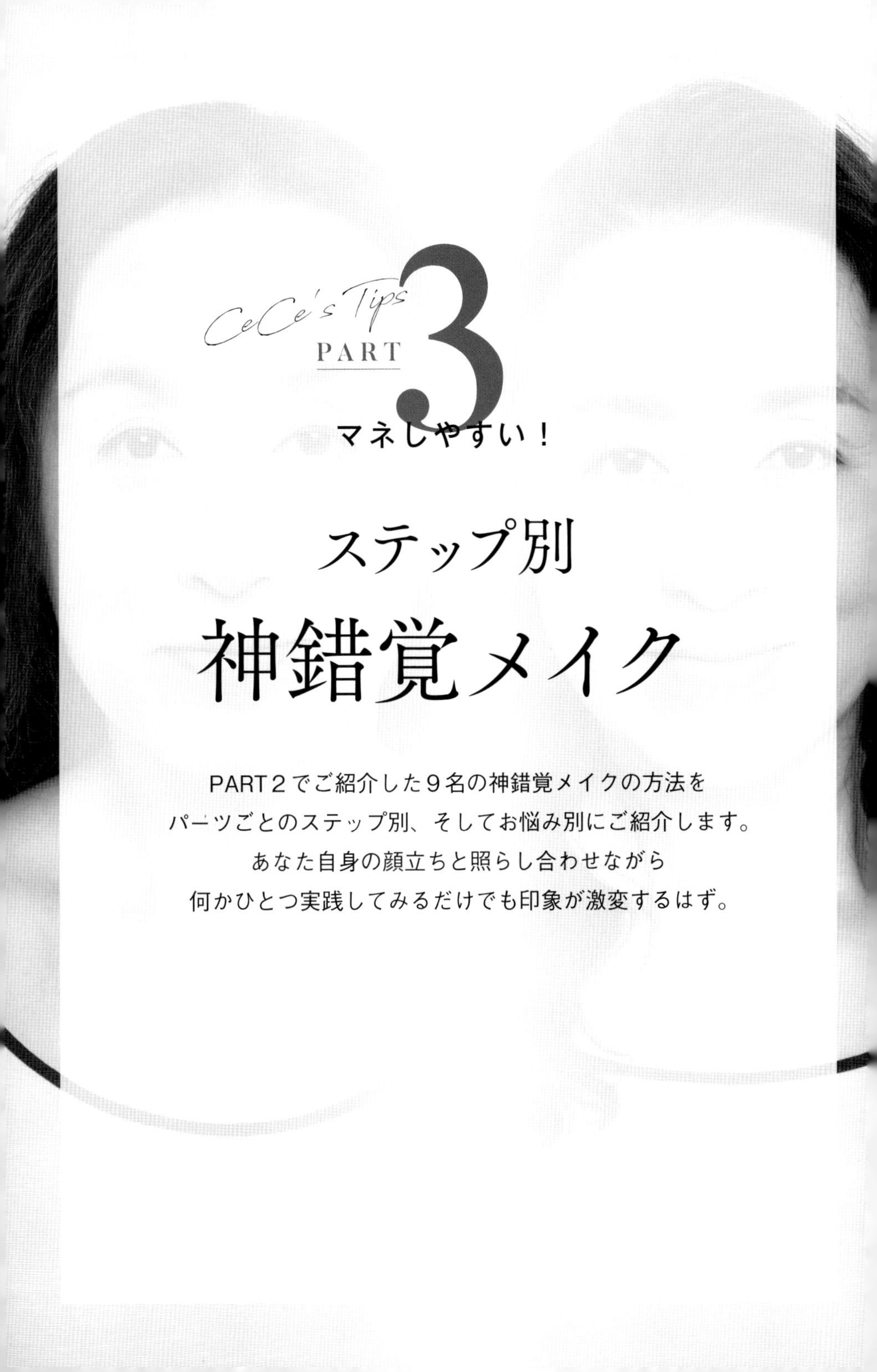

CeCe's Tips

PART 3

マネしやすい！

ステップ別
神錯覚メイク

PART２でご紹介した９名の神錯覚メイクの方法を
パーツごとのステップ別、そしてお悩み別にご紹介します。
あなた自身の顔立ちと照らし合わせながら
何かひとつ実践してみるだけでも印象が激変するはず。

大人ベースメイク

大人のメイクはとにかく肌づくりが肝心。凹凸や色ムラを補正し、発光する艶を仕込み、肌がもともと美しいかのように見せましょう。

BEFORE

スキンケア後

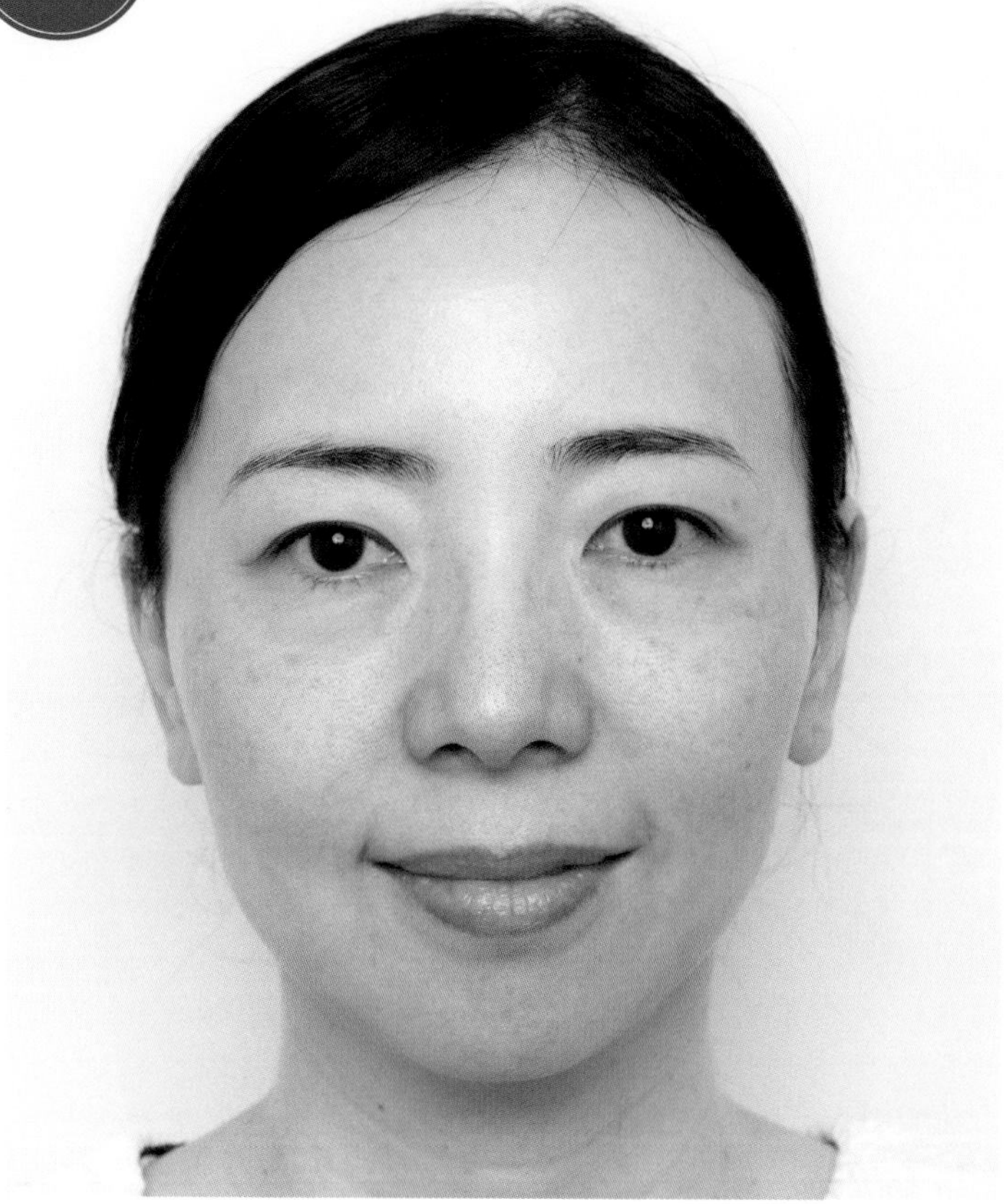

“大人の肌は毛穴が開く、肌がしぼむなど肌の印象が老け見えの原因に。”

年を重ねるごとに、毛穴目立ちやシミ、くすみ、影などのノイズが発生。でもかつてのナチュラルメイク信奉の名残で、厚塗りを回避しようとするあまり、アラが隠せていない人が意外と多いもの。大人は、肌変化をしっかり認識して、いかにカバーするかが重要です。

大人の肌変化チェックリスト

□ 乾燥する	□ 肌がくすむ	□ 目尻のシワ	□ ゴルゴライン
□ 毛穴が開く	□ こめかみがやせる	□ 目の下のクマ	□ あご下がたるむ
□ 肌がしぼむ	□ シミ、肝斑《かんぱん》	□ ほうれい線	□ 口角が下がる

目元のメイクはP88参照

錯覚メイク

AFTER

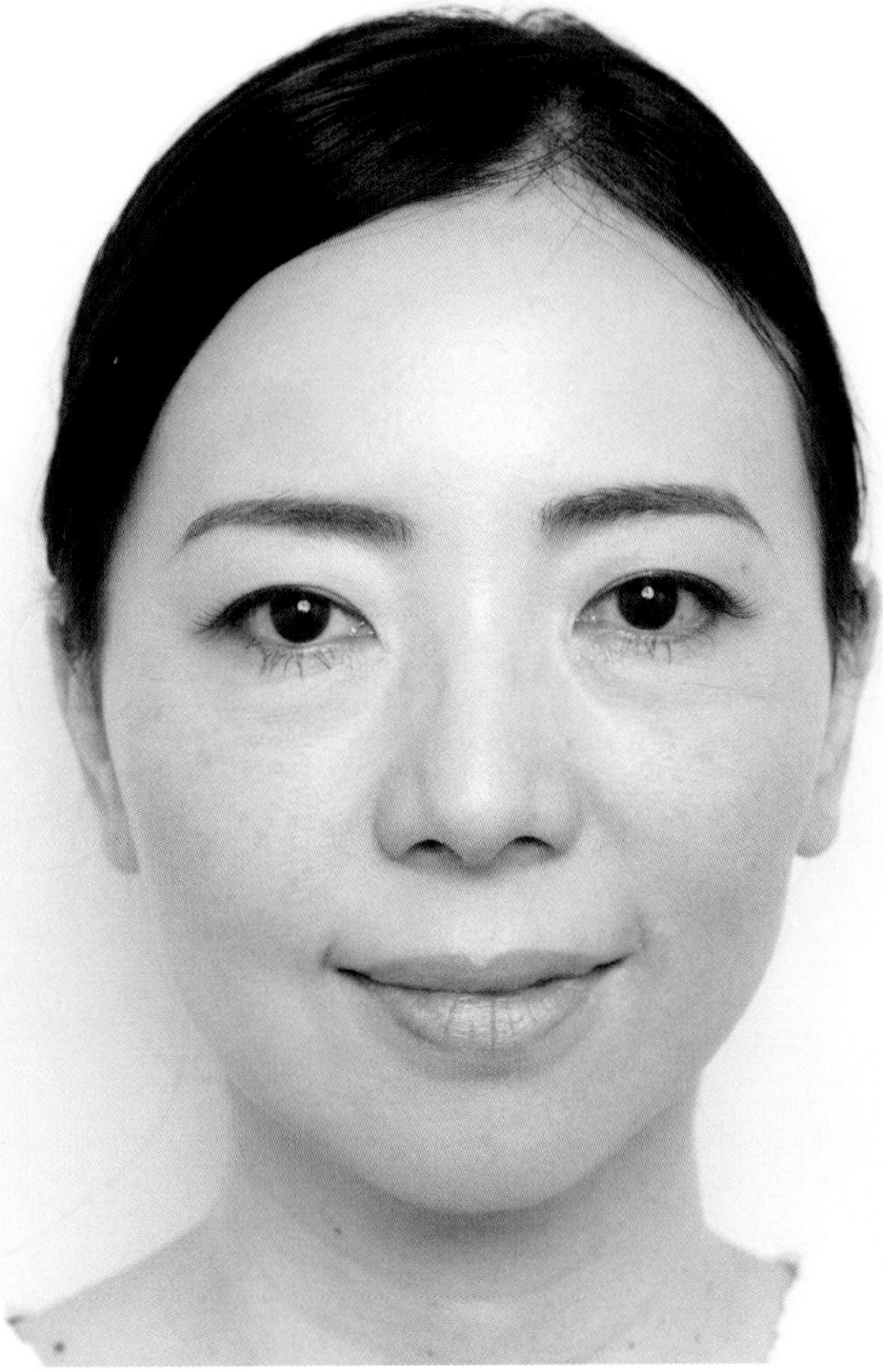

“質感や色調をチェンジすると発光するような大人の陶器肌が完成”

下地をうまく活用したり、筆やスポンジなどを使ってファンデーションの塗り方を工夫して、肌の質感や色調をキレイに整えるベースメイクをすると、シミやくすみが目立たず、内側から発光するような若見え肌に。あとのパーツメイクの効果も最大限に発揮されます。

❶質感を変える

潤いや弾力が足りなくなった肌に、ぷりっとしたハリ感と艶を与えて、毛穴などの凹凸はつるんとなめらかに。質感を変えて若々しく。

❷色補正する

シミやくすみ、クマ、赤みなど肌の色ムラを補正することで、肌のトーンを均一に。パーツメイクが映えるまっさらな状態をつくる。

❸光のヴェールで目をくらます

光は美肌ベースづくりの立役者。肌のアラを飛ばして透明感をプラスし、しぼんだ肌を立体的に見せてくれるのでメリハリ顔が叶う。

大人ベースメイク

1

Smoother

スムーザー

毛穴には凹凸埋め下地が有効。なめらかハリ肌に見せる

毛穴が開いて目立つ、毛穴にファンデーションが落ちていく。そんなお悩みは、凹凸を埋める下地で解決しましょう。ファンデーションだけで毛穴を隠そうとすると、厚塗りになったり、メイクが崩れたときに汚く見えたりします。下地の段階で毛穴の対策をしておくことが勝ちルート！

　毛穴の凹凸を埋める下地は、余分な皮脂やテカリを抑える効果も備わっていることが多く、マットな仕上がりになります。大人の肌には艶感が必須なので、毛穴が開きやすい鼻まわりをメインに、部分的に使うのがおすすめです。

これもおすすめ！

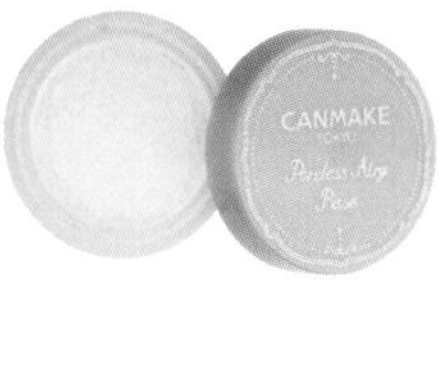

ふわっと軽いスフレ状ベース。凹凸を瞬時にカバーしてサラサラに仕上げ、テカリを防止。

キャンメイク ポアレスエアリーベース ￥700／井田ラボラトリーズ

これを使用

毛穴や小ジワなどの凹凸をひと塗りでフラットにして、ファンデーションののりをアップ。

ミムラ スムーススキンカバー SPF20・PA++ 20g ￥4,200／NAPO

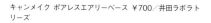

スムーザープロセス

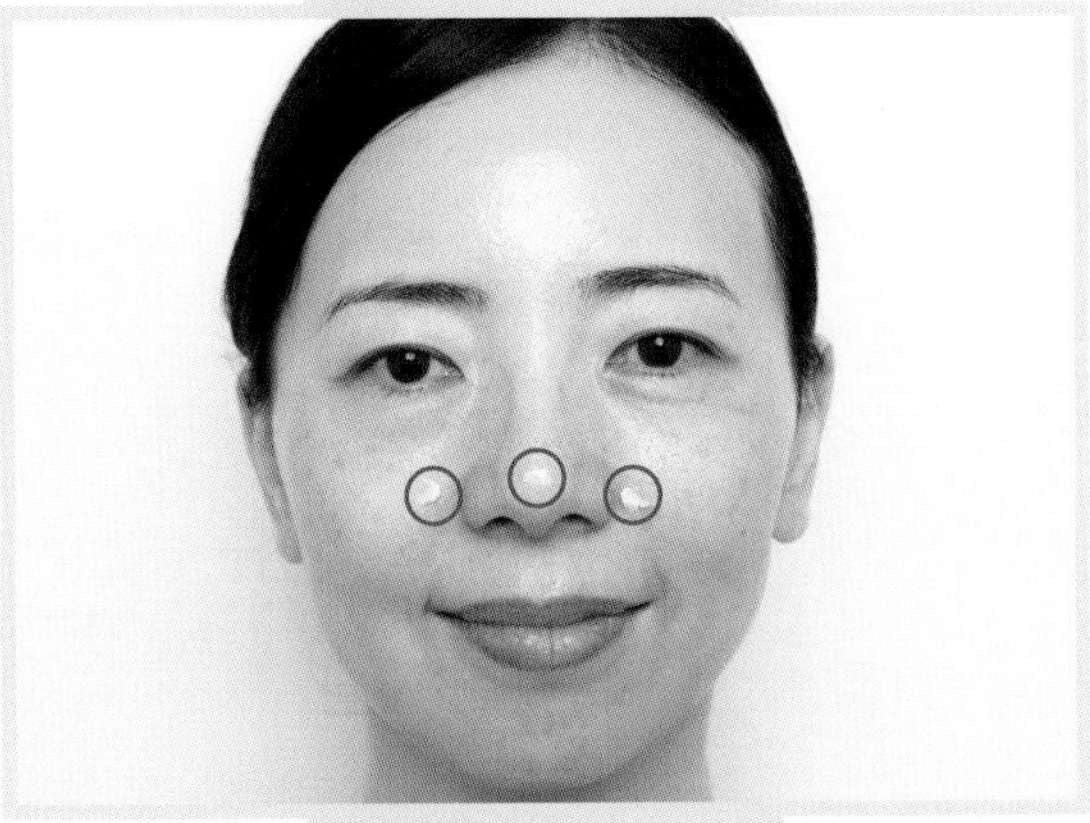

1

米粒大の量をとり、鼻の頭と小鼻のわきに点置き。眉間やあごが気になる場合はそこにも。

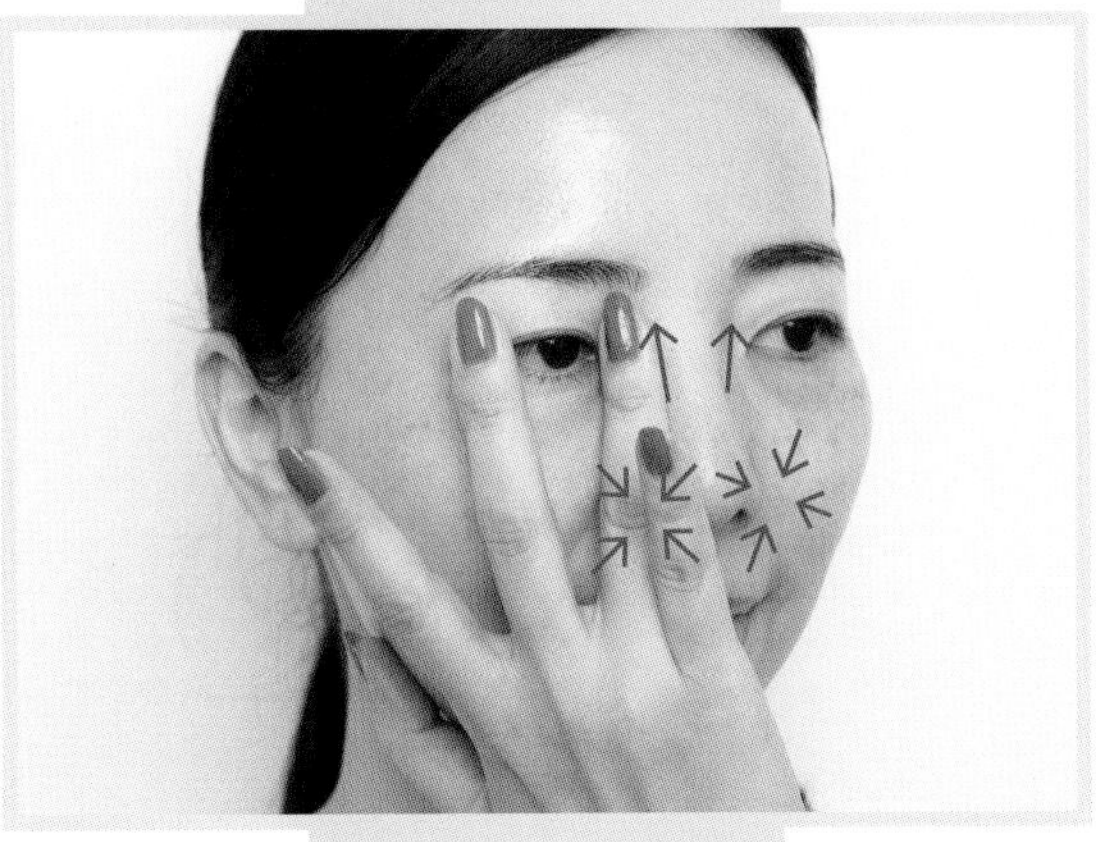

2

四方八方から毛穴を埋めるように指先で伸ばしたあと、指全体を使ってフィットさせる。

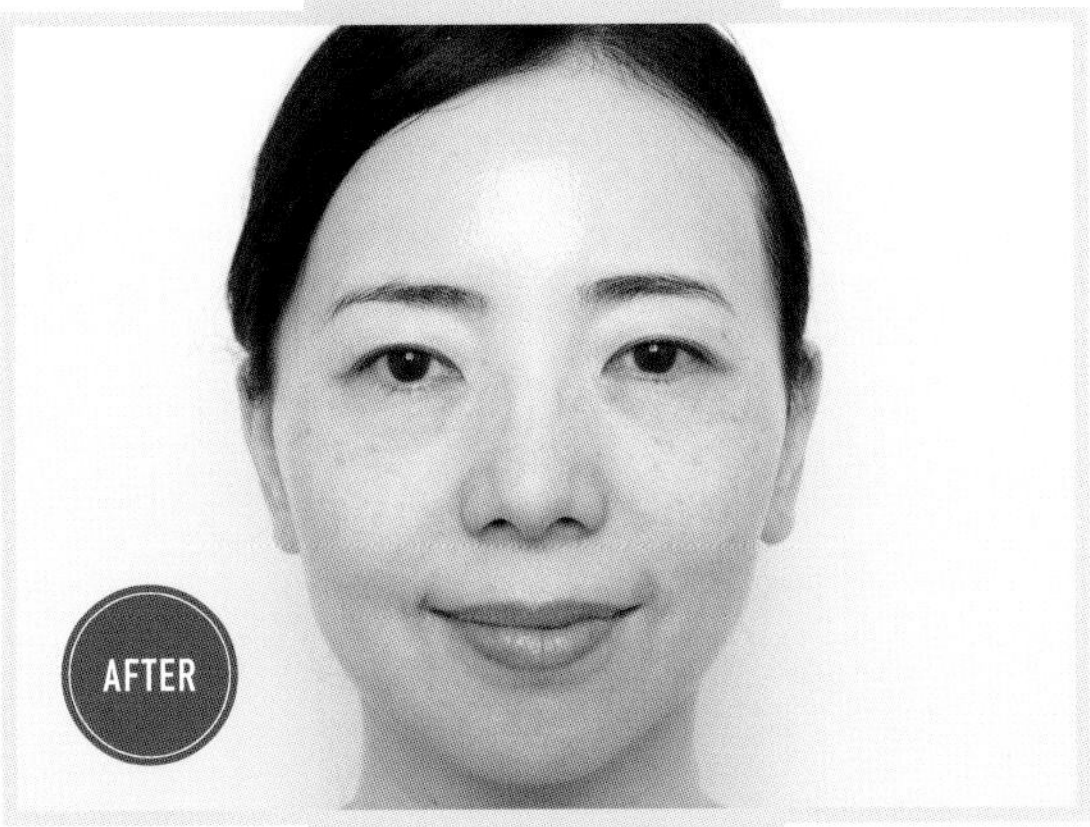

3

毛穴埋め下地を塗った部分が、つるんとなめらかになり、サラリとした質感に仕上がる。

大人ベースメイク

2

Control color

コントロールカラー

レフ板ラベンダー下地で、発光艶肌を仕込む

年齢を重ねるにつれ、シミやそばかす、くすみや影、色素沈着などの色ムラが出てきます。これらは、ファンデーションに頑張ってもらうのではなく、下地で対策を打たなければなりません。

そこで役立つのが、肌色を補正するコントロールカラー下地。さまざまな色があり、肌悩みによって使い分けることができます。中でもおすすめは、透明感をアップさせるラベンダーカラー。くすみや色ムラをパッと飛ばして、レフ板をあてたかのように顔が発光して見えます。乳液のように伸びがよく保湿力のあるものがベスト。

これを使用

オーロラランベンダーパールやダイヤモンドパウダーを配合。くすみを飛ばして発光肌に。

ジルスチュアート　イルミネイティング セラムプライマー 02 SPF20・PA++ 30ml ¥3,200／ジルスチュアート　ビューティ

これもおすすめ！

透明感と毛穴カバーを両立。透明感や明るさを引き出し、ふんわりマシュマロ肌に整える。

ヴィセ リシェ　トーンアップ プライマー SPF25・PA++ 30g ¥1,000（編集部調べ）／コーセー

コントロールカラープロセス

1

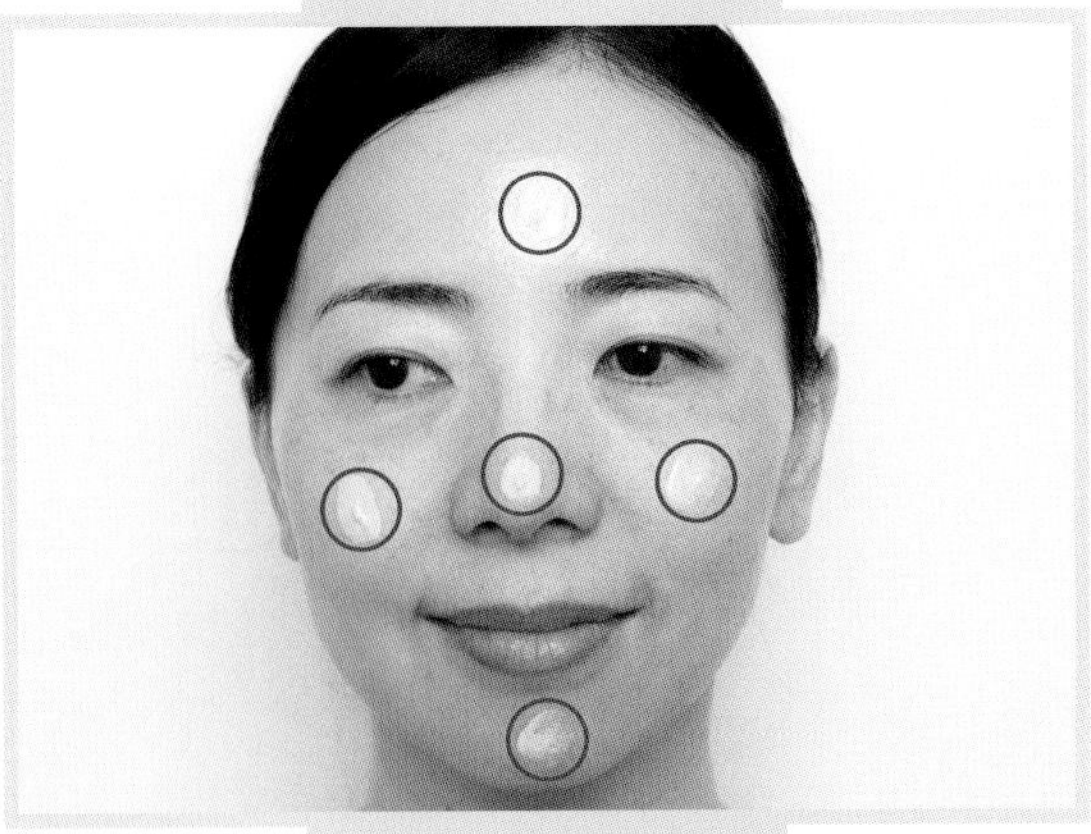

コントロールカラー下地を適量手に出し、指にとっておでこ、両頬、鼻、あごの５点に置く。

2

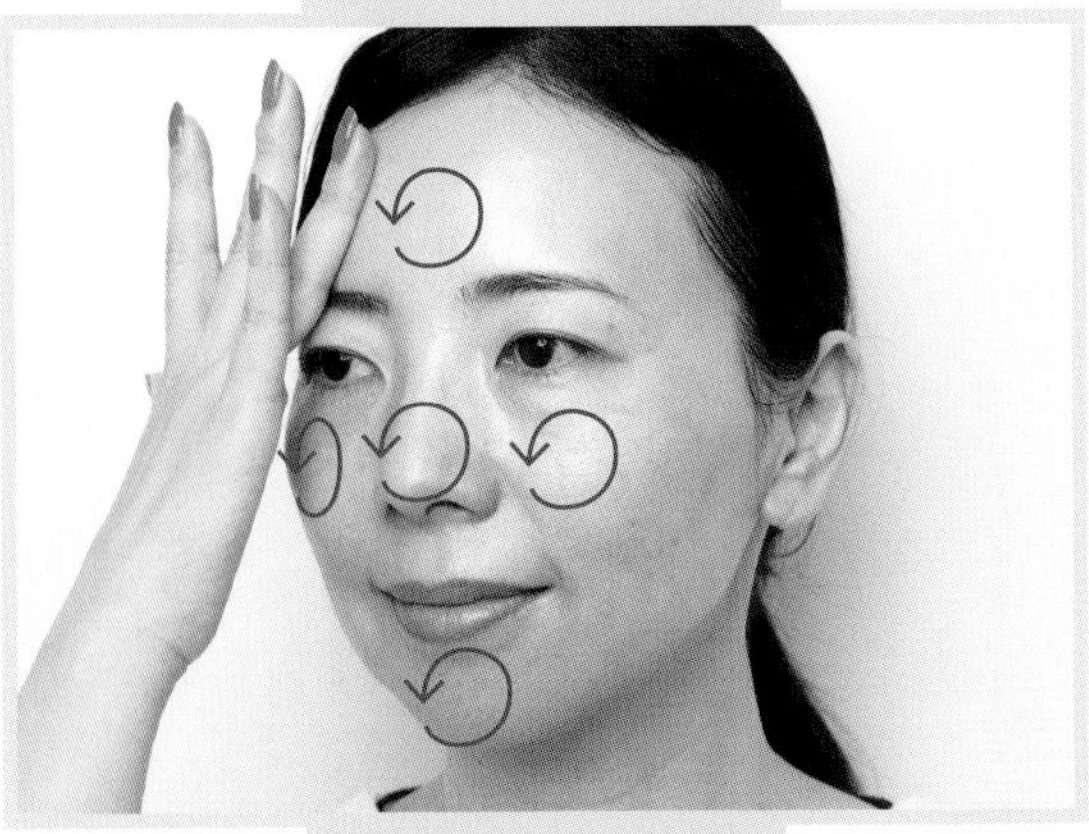

内から外へくるくると円を描くように伸ばし、最後に手のひら全体で圧をかけて密着させる。

3

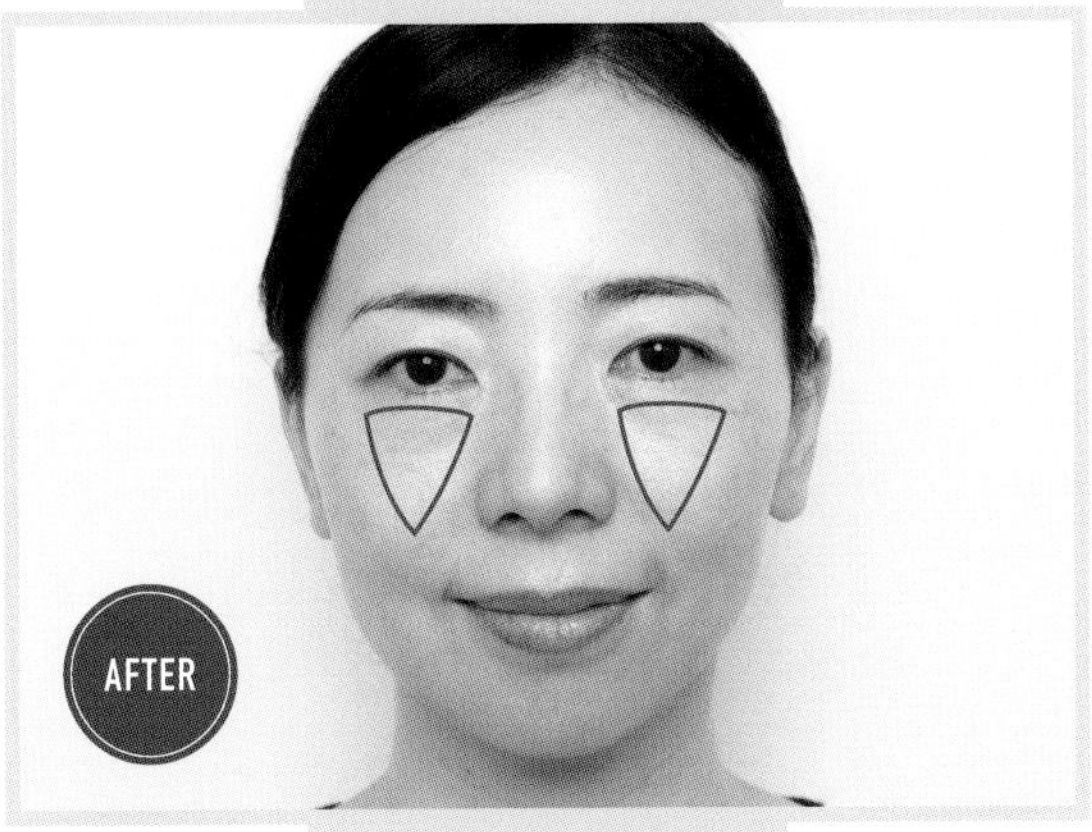

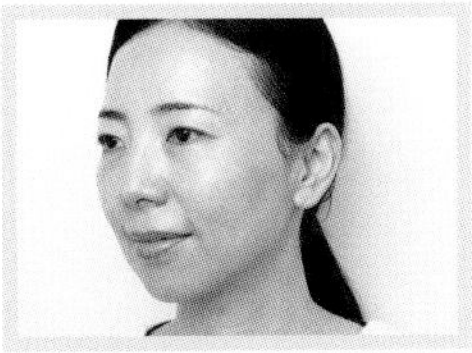

艶が増して明るく。目の下の三角形（ステージゾーン）のみ二度塗りすると瞳が輝いて見える。

大人ベースメイク

3

foundation

ファンデーション

筆とスポンジを使って薄づきでも隙のない肌をつくる

大人の肌は乾きやすいので、ファンデーションは潤い感のあるものを使います。そして、ファンデーションブラシで塗るのが断然おすすめ。薄くキレイに塗ることができ、エイジレスでなめらかな艶肌をつくれるからです。特に、筆先がフラットな絶壁筆は、伸ばす、なじませる、塗り込むといった複数の使い方ができて便利。顔の中心はきちんとカバーして、外側は薄くなるように、内から外へ伸ばすのがポイントです。

最後に水で濡らして絞ったスポンジを使うと、より密着感が高まって崩れにくくなります。

これもおすすめ！

軽やかな薄膜で毛穴も色ムラもカバー。潤いがありながらベタつかずヌーディな仕上がり。

ヴィセ リシェ　ヌーディフィット リキッド SPF25・PA++ 全4色 30ml 各¥1,400（編集部調べ）／コーセー

これを使用

加湿したような質感をつくる高保湿リキッドファンデーション。自然にカバーしながら潤う艶肌へ。

エレガンス スティーミング スキン SPF23・PA++ 全7色 30ml 各¥6,000／エレガンス コスメティックス

ファンデーションプロセス

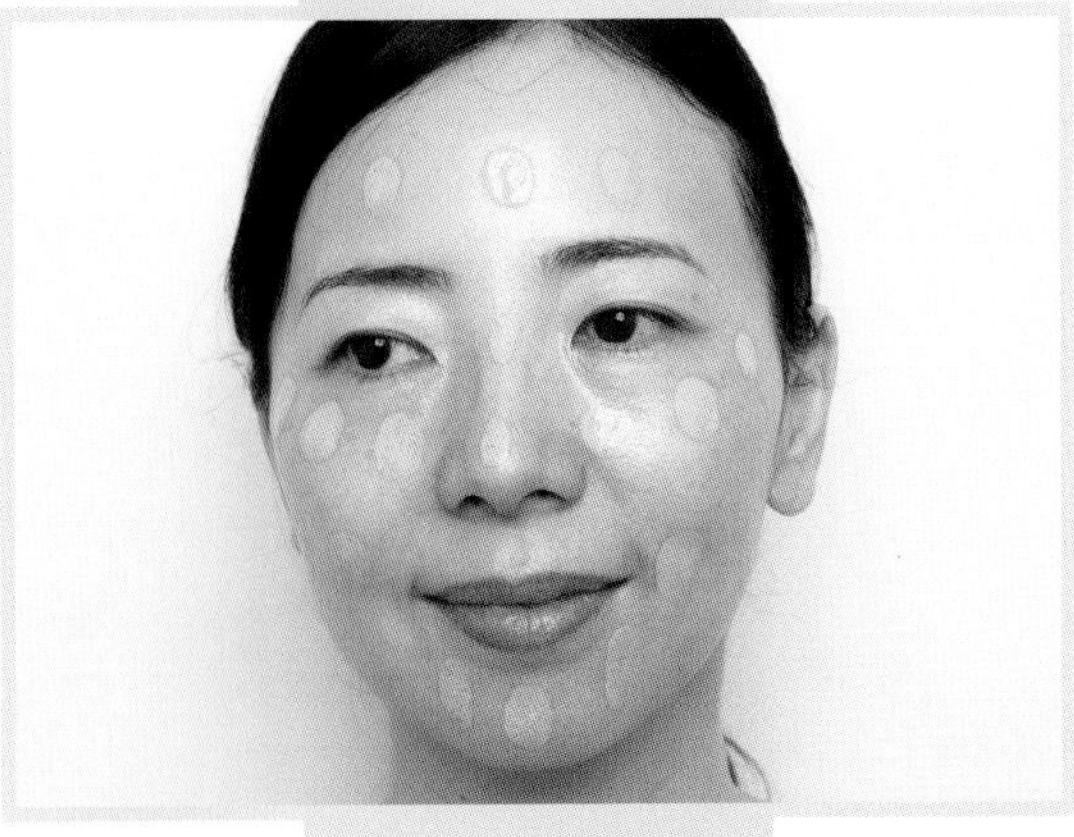

1

リキッドファンデーションを細かめに点置き。ファンデが乾かないようにすばやくのせる。

2

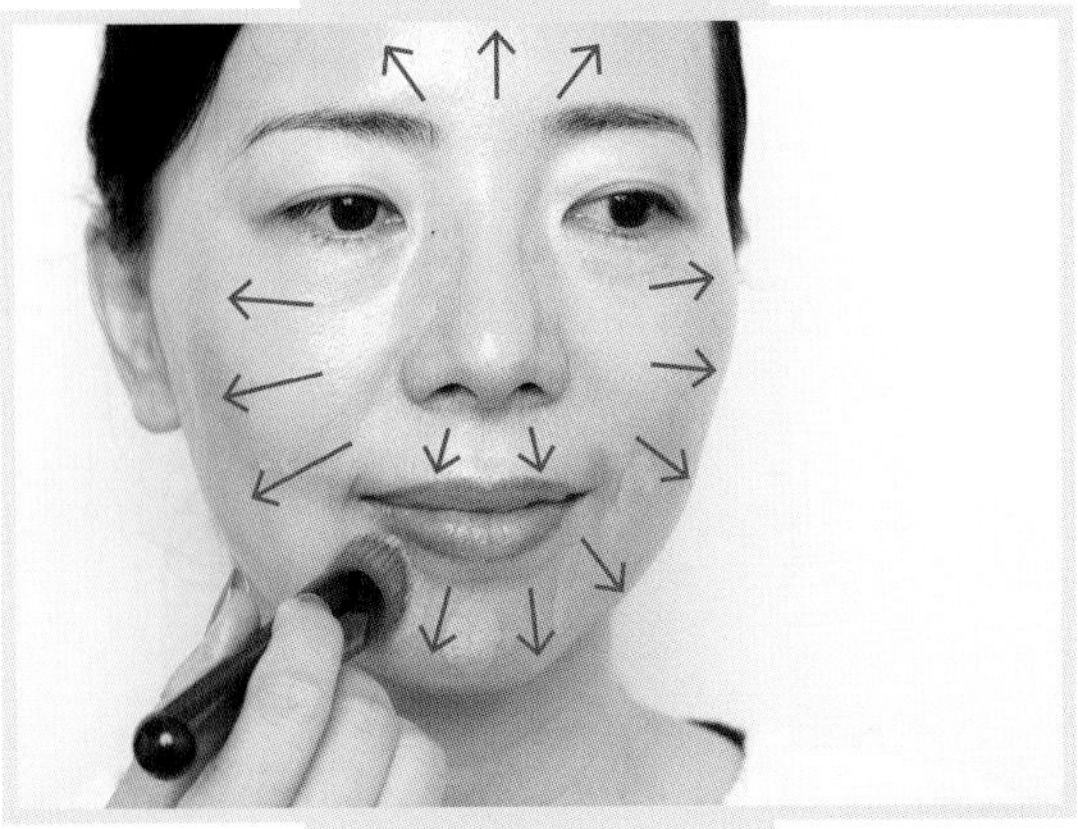

しなやかに肌にフィットして、完成度の高い美肌を簡単に実現。ファンデーションブラシ（専用ケース付き）131 ¥1,800／資生堂

絶壁筆で顔の広い面から放射状に伸ばす。さらに「さすさす・とんとん・くるくる」塗り。（P54）

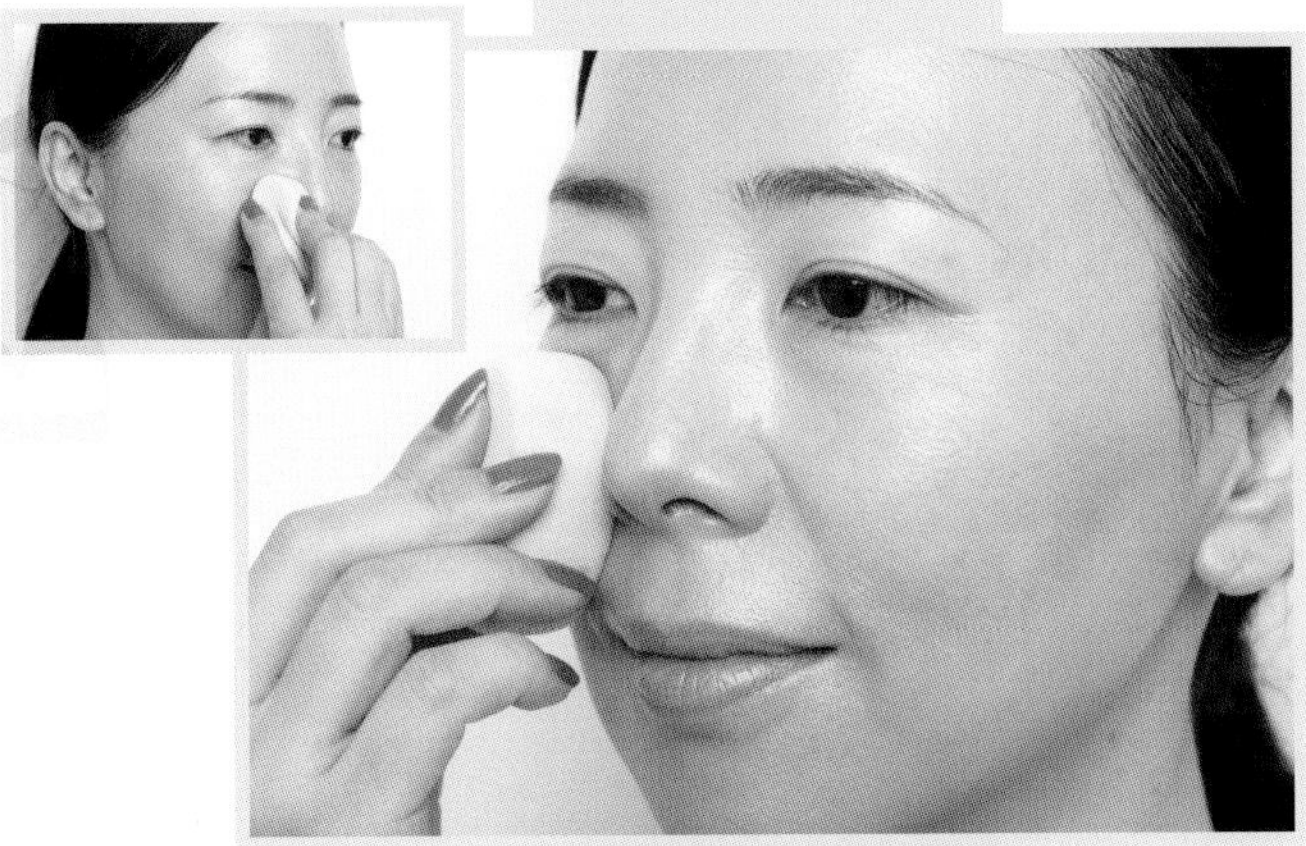

3

絶妙な厚みと弾力、形でプロ級の仕上がりを叶える。メイクアップスポンジ（リクイッド／クリーム ファンデーション用）2個組・専用ケース1個付き ¥800／Koh Gen Do

スポンジの広い面でスタンプを押すように密着させる。細かい部分はスポンジを折って。

4

Concealer

コンシーラー

目の小ジワはピンクみカラーでふんわり目立たなくする

リキッドファンデーションを塗ってもまだ気になる部分があれば、コンシーラーの出番。シワやクマ、シミ、そばかすなどを狙い打ちして隠すことができます。

目元の小ジワを隠す場合は、ピンクみの入った明るめコンシーラーがおすすめ。シワはまわりの肌よりも暗く見えるので、自分の肌よりもワントーン明るい色で埋めてカモフラージュしましょう。また、ピンクみが入っているとハイライトのような役割も兼ね備えて、肌をふんわりと明るく見せてくれます。そのため、小ジワが飛んで目立たなくなるという効果も。

これを使用

色と光のカモフラージュ効果で、きちんとカバーしながら自然で輝きのある仕上がり。

NARS ラディアントクリーミーコンシーラー 1246 ¥3,600／NARS JAPAN

これもおすすめ！

目元、口元、ほうれい線など、よく動く部分にしっかり密着。ハイカバーでよれにくい。

セザンヌ ストレッチコンシーラー 10 SPF28・PA+++ ¥600／セザンヌ化粧品

コンシーラープロセス

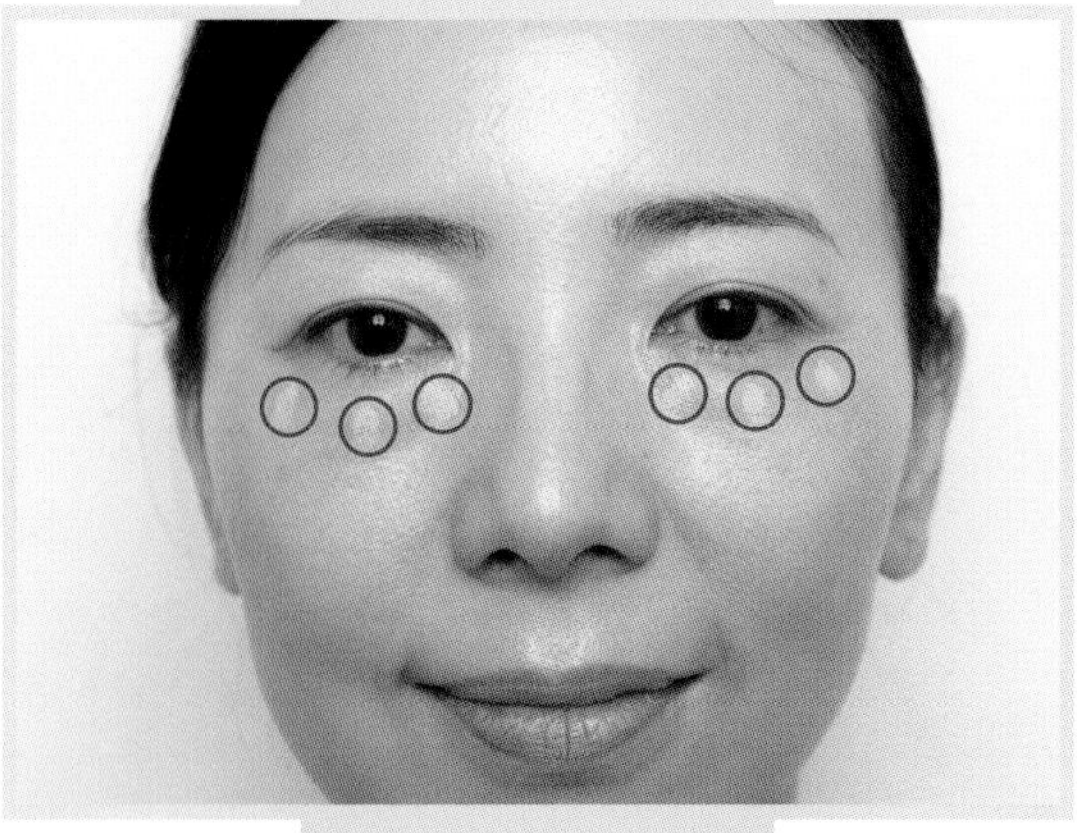

1

手の甲などでコンシーラーの量やテクスチャーを調節してから、目と頬骨の間に3点置き。

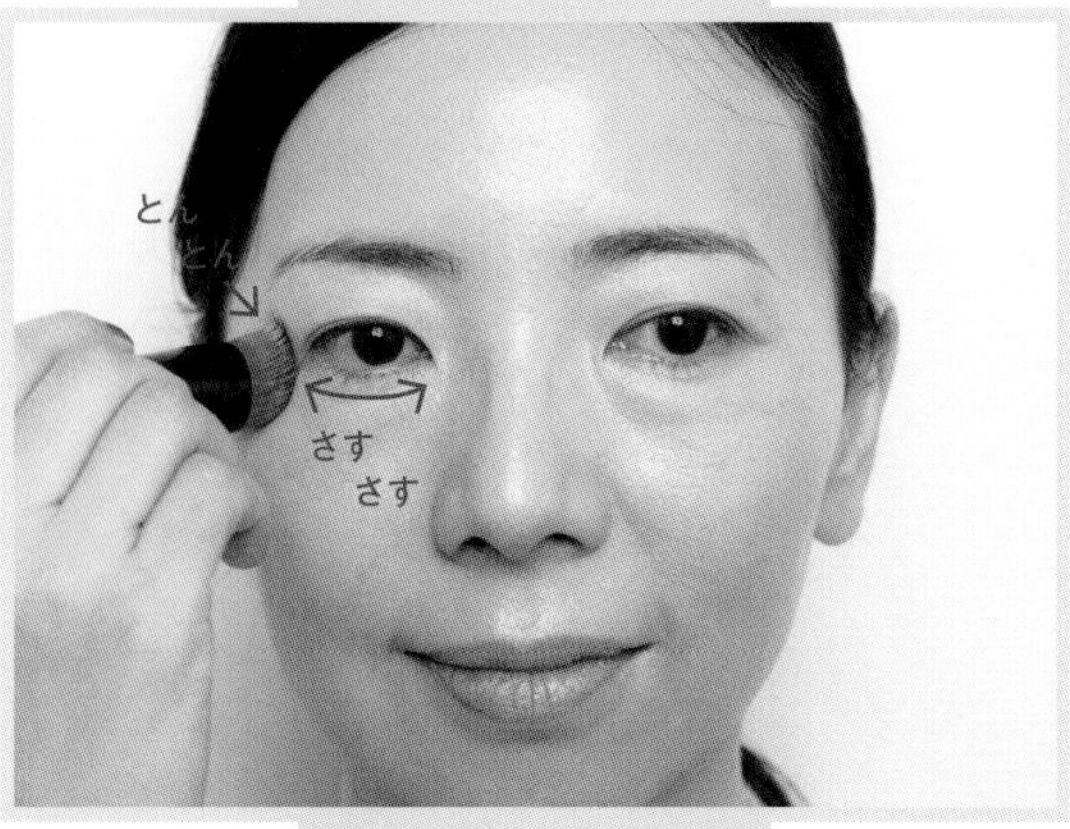

2

絶壁筆で軽く広げ、横に「さすさす」と伸ばす。さらに優しく「とんとん」とたたき込む。（P54）

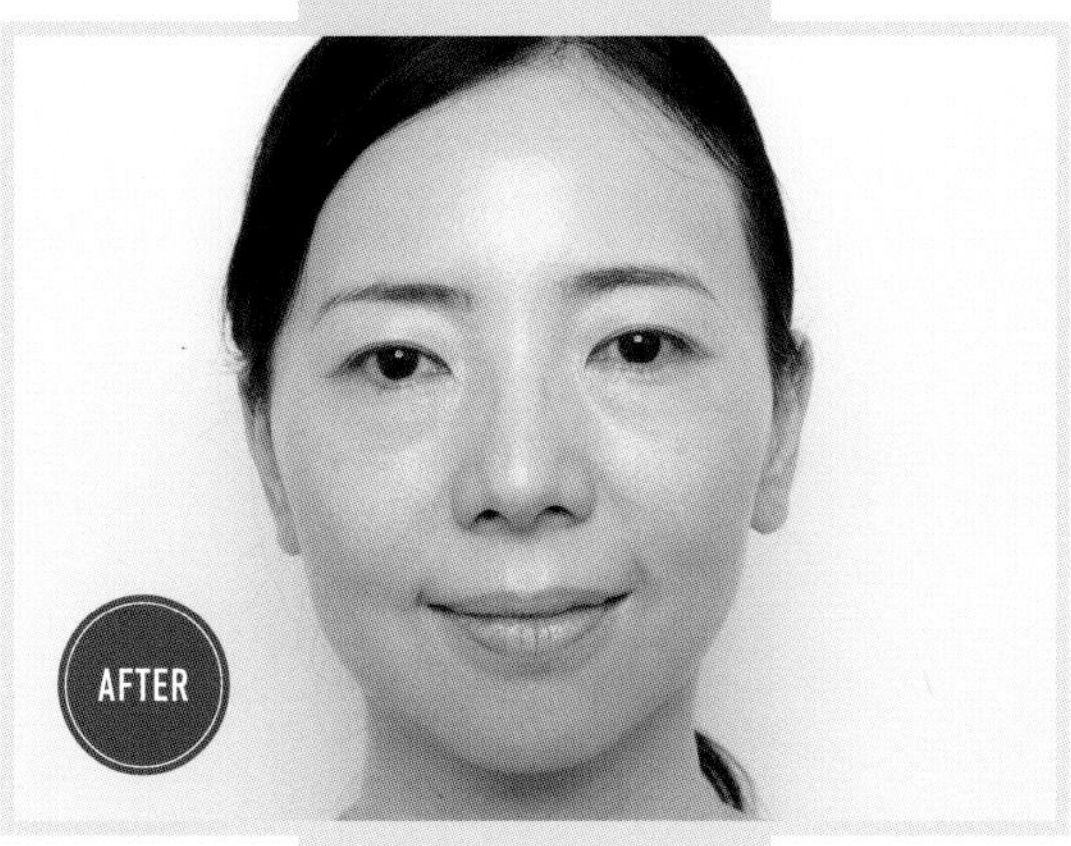

目の下から頬骨にかけての細かいシワが目立たなくなり、なめらかに。明るさもアップ。

大人ベースメイク

5

cheek チーク

ローズ赤のクリームチークで上気するような血色感を仕込む

大人にとってチークはなくてはならないもの。ですが、アラフォー以降はチークが悪目立ちしないことも大事。肌なじみのよいローズ系クリームチークで、自然と頬が色づいたように見せましょう。

クリームチークは、粉止めの前に使います。指で圧力と温度をかけながら取り、頬に少しずつなじませていくのがコツ。湿気感のあるテクスチャーなので密着度が高く、自分の肌にもともと存在していたかのような血色感を仕込めます。目指すは、恋しているときや気分が高揚しているときのような、ほんのり上気した頬です。

これを使用

みずみずしい果実のような色と艶感。イキイキとした表情をつくり出すクリームチーク。

ブラッシュクレーム 1 ¥4,500／クレ・ド・ポー ボーテ

チークプロセス

1

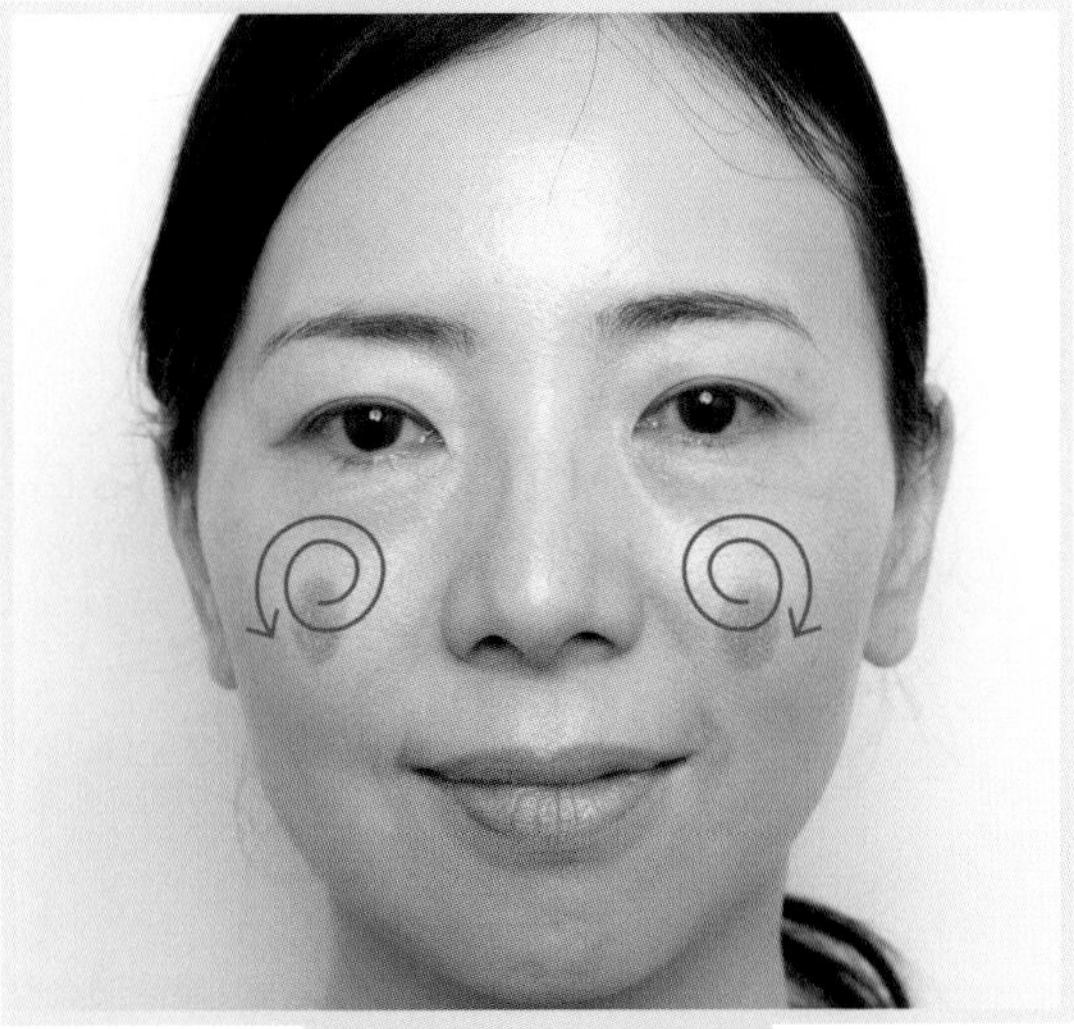

指の腹にチークをとり、写真の位置に置く。別の指でとんとんと渦巻き状にぼかしていく。

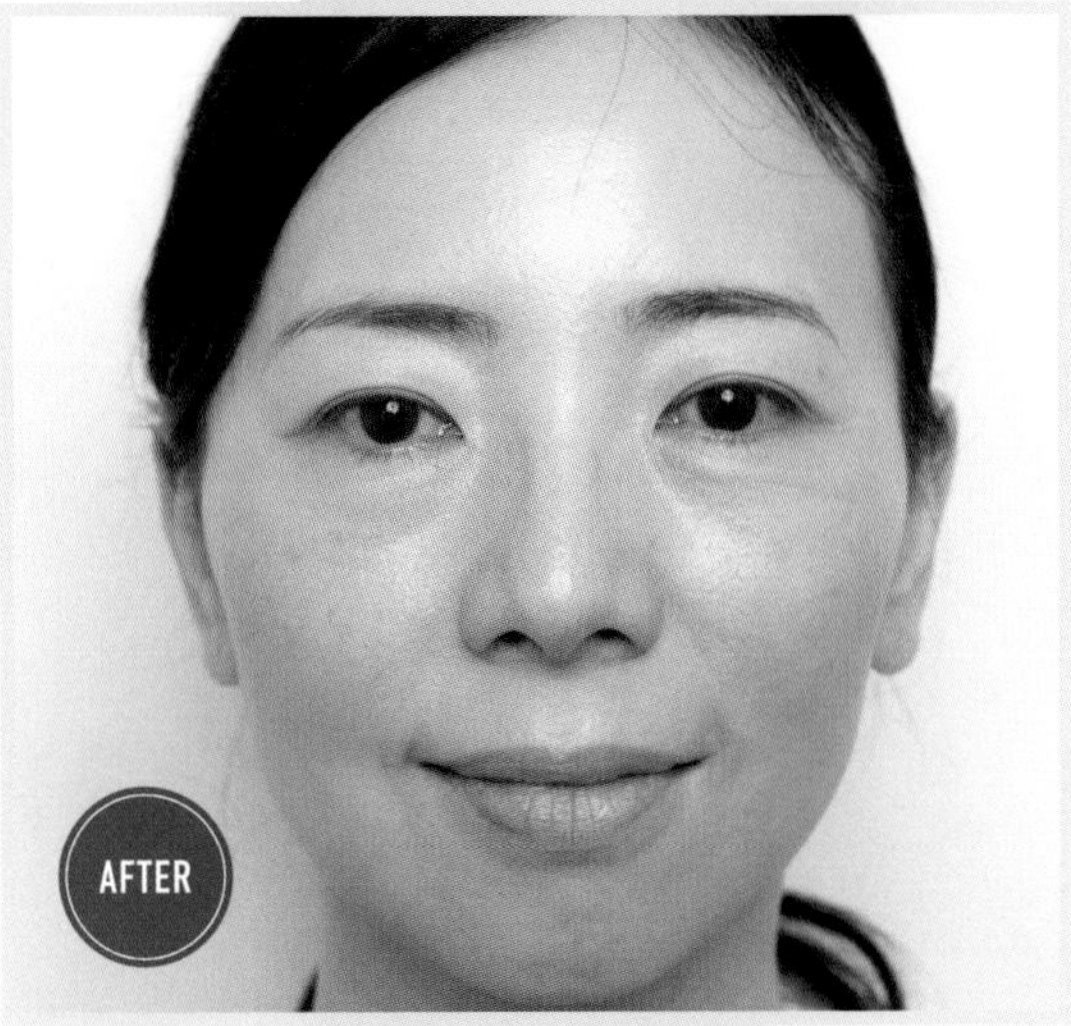

自分自身の血色が内側からにじみ出たような自然な仕上がり。若々しく、可愛い雰囲気。

powder 仕上げパウダー

仕上げパウダーの筆使いで
メイクの持ちが格段に良くなる

ベースメイクの締めくくりは粉止めです。付属のパフで押さえると艶がなくなってしまうので、よほどオイリー肌でなければ、先が丸い大きめブラシを使います。

　ブラシに仕上げパウダーをとったら、フタの裏やティッシュでくるくると余分な粉を落とし、ブラシの中まで粉を入れ込みます。これで肌に粉がぽてっとつくのを防げます。面積の広いところから、肌表面をサッとなでるようにブラシを動かすのがポイント。目まわりなど特に艶を残したいところは薄く、生え際やテカらせたくない場所はしっかり粉止めしましょう。

これを使用

軽くなめらかな使い心地で、ナチュラルな仕上がり。メイクしたての美しさをキープ。

ローラ メルシエ ルースセッティングパウダー トランスルーセント 29g ¥4,800／ローラ メルシエ ジャパン

これもおすすめ！

肌のアラを繊細にカバーしながら、あふれる透明感を演出。羽根のように軽やかな感触。

エレガンス フェザー ヴェール 001 SPF10・PA+ 20g ¥7,000／エレガンス コスメティックス

仕上げパウダープロセス

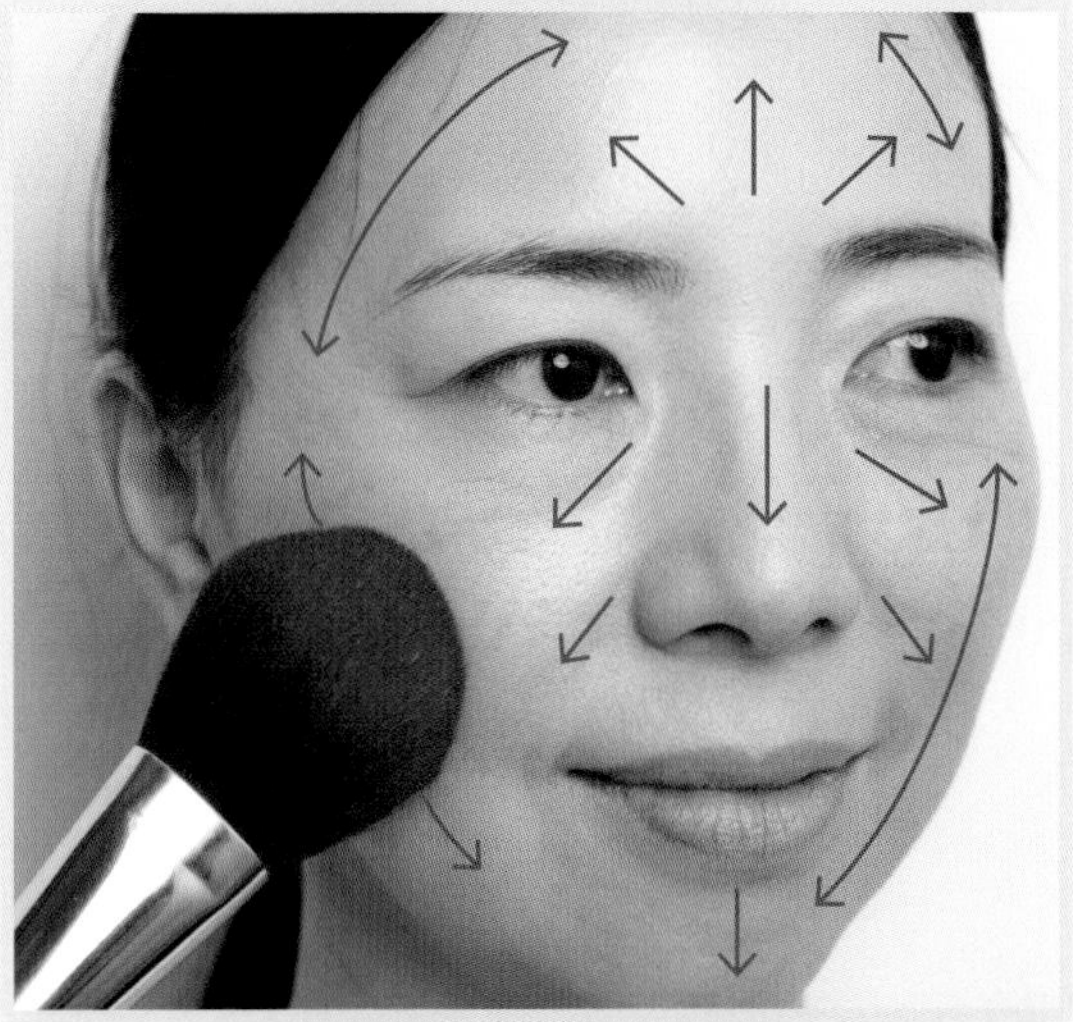

1

絶妙の粉含み、肌触り、コシを実感できるフェイスパウダーブラシ。ふわっとキメ細かく粉をのせられる。パウダーブラシ PRO 12 ¥6,000／ブロス

おでこと頬に放射状に粉をのせてから細部へ。特に生え際、まゆ、鼻の下はしっかり粉止め。

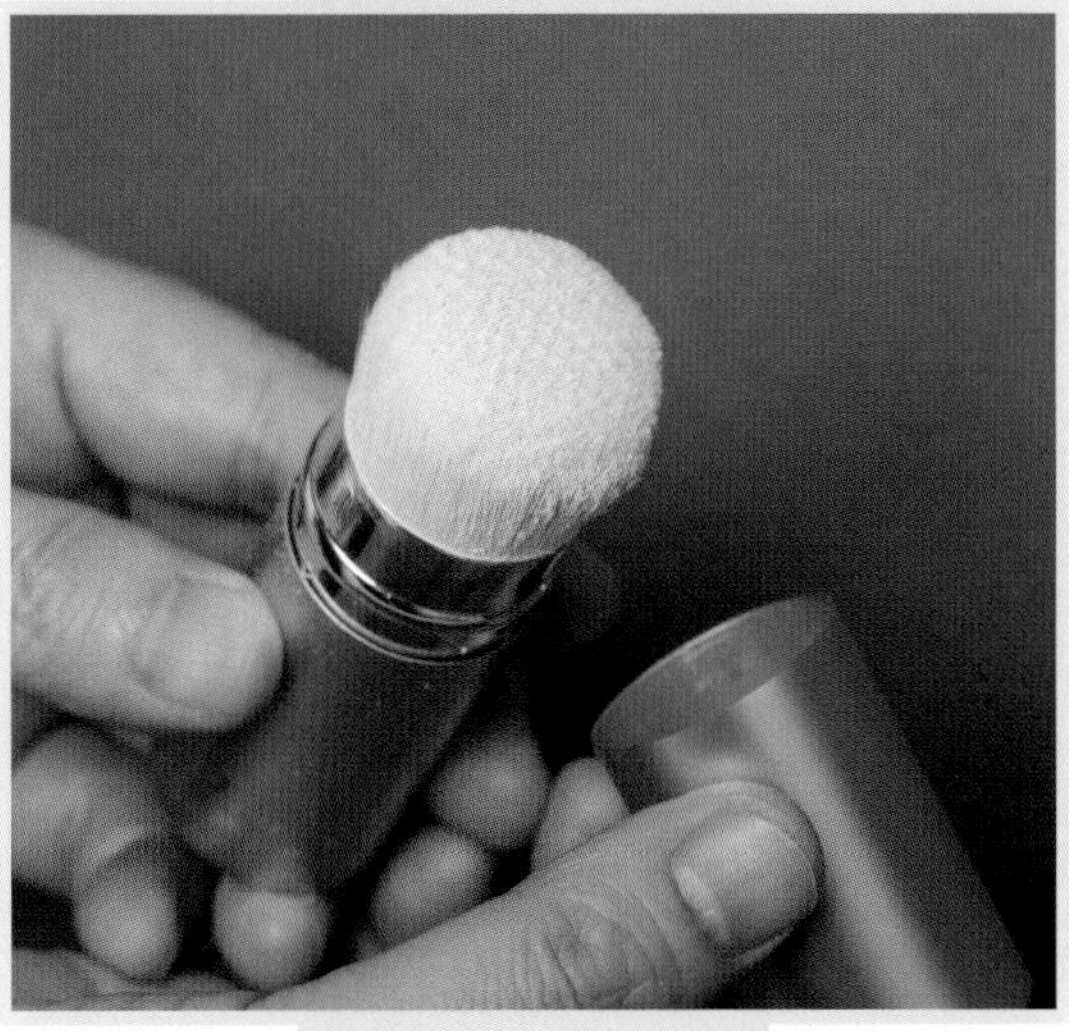

チクチクしない柔らかな筆先。スライドタイプなので持ち運び用にも重宝。フェリセラ スライドパウダーブラシ ¥2,500／ビューティーワールド

キャップができる筆に仕上げパウダーを含ませて携帯すれば、外出先でのお直しに活躍。

アイテムバリエーション 【コントロールカラー・下地】

肌タイプや肌悩みに合った下地を選ぶと、肌づくりの達人になれます。
乾燥、赤み、くすみなど、「何を一番カバーしたいか」にフォーカスを。

PINK /

血色感を良くしたいなら…

ピンクカラー下地

温かみのある柔らかそうな肌に仕上がるカラー。黄ぐすみを補正して透明感を出す効果もあります。

水彩画のように色づき、黄ぐすみや色ムラをカバー。ほどよい血色感と透明感を与える。

ブルーミング グロウ プライマー SPF12・PA++ 25ml ¥6,000／SUQQU

CLEAR /

凹凸をカバーしたいなら…

クリアカラー下地

色補正というよりは、凹凸をムラなくカバーしながら、自然な艶と透明感を与えるタイプ。

みずみずしく潤うテクスチャーで肌に溶け込むようになじみ、つるんとなめらかな状態に。

RMK メイクアップベース 30ml ¥3,700／RMK Division

MOIST PINK /

自然な艶を出して肌色を良くするなら…

潤うピンクカラー下地

肌に潤いの膜を張ってくれるタイプなら、日中の乾燥や皮脂崩れを防いでイキイキとした艶肌に。

肌に潤いを与えて、バリアフィルム効果で美しさをキープ。透けるようなピオニーカラー。

トリートメント セラム プライマー SPF15・PA+ 30g ¥6,000／SUQQU

ORANGE /

くすみやシミを飛ばしたいなら…

アプリコットカラー下地

くすみやシミ、目の下のクマには、青みを打ち消すオレンジが有効。健康的な印象に仕上がります。

軽いつけ心地とクリアな発色でクマやシミ、そばかすをカバーしてフレッシュな印象へ。

エレガンス モデリング カラーアップ ベース UV OR220 SPF40・PA+++ 30g ¥4,500／エレガンス コスメティックス

アイテムバリエーション【ファンデーション】

長時間肌につけているファンデーションは、とにかく潤いが大切です。
初心者さんでも「素早く」「楽に」キレイな肌をつくれるものがGood。

CUSHION /

テクニックレスで艶肌に仕上がる

クッションファンデーション

リキッドファンデの艶とカバー力、パウダーファンデの利便性を兼ね備えています。

毛穴や小ジワ、色ムラをしっかりカバーしながら、素肌のような生きた艶と血色感を演出。

ローラ メルシエ フローレス ルミエール ラディアンス パーフェクティング クッション SPF50・PA+++ 全5色 各¥5,800（セット価格）／ローラ メルシエ ジャパン

内側から輝くようなハリ感と艶を与えて、潤いに満ちた肌へ。スキンケアのような使用感。

AQ　スキン フォルミング　クッションファンデーション SPF35・PA+++ 全5色 各¥10,000（セット価格）／コスメデコルテ

HOW TO 2

塗る前に

内ブタでパフをとんとんして、ファンデをなじませてから顔に塗る。

HOW TO 1

持ち方

中指をパフに押しつけるように持ち、ファンデーションをとる。

TONE UP CUSHION /

ひとつで下地にもファンデにも

トーンアップクッション

オンの日の仕込みハイライトや、オフの日の楽ちんベースメイクとして活躍。

スキンケア感覚で使えて、肌をワントーン明るく。日中のメイク直し兼、潤い補給にも。

AQ　スキン フォルミング　クッションファンデーション トーン アップ SPF30・PA+++ ¥10,000（セット価格）／コスメデコルテ

POWDER TYPE /

保湿成分入りで粉感ゼロ

パウダーファンデーション

どうしてもパウダー派という人は、粉感がなく潤いのあるものを選んで透明感をキープ。

保湿成分をしみ込ませたパウダーがさらりと肌に溶け込み、毛穴や色ムラを軽やかにカバー。

ホワイト パウダレスト SPF25・PA++ 全6色 各¥5,000（ケース込み価格）／アルビオン

メイク上手になれる！　筆4タイプと使い分け

使いやすい筆は、メイクのレベルを格段に上げてくれるアイテム。
それぞれの特徴を知り、適材適所で使い分けることでメイク上手に！

＼絶壁筆／

つるんとなめらかな艶肌に仕上がる

筆のトップがフラットになっているファンデーションブラシ。肌表面を磨いて艶を出しながら、気になる凹凸感を埋めることができ、初心者さんでも簡単に肌のアラを隠せます。

ファンデーションブラシ（専用ケース付き）131 ¥1,800／資生堂

絶壁筆の使い方3通り

HOW TO 1

さすさす

目の下や横の小ジワが気になるときは、表面をなでるように動かす「さすさす」塗り。

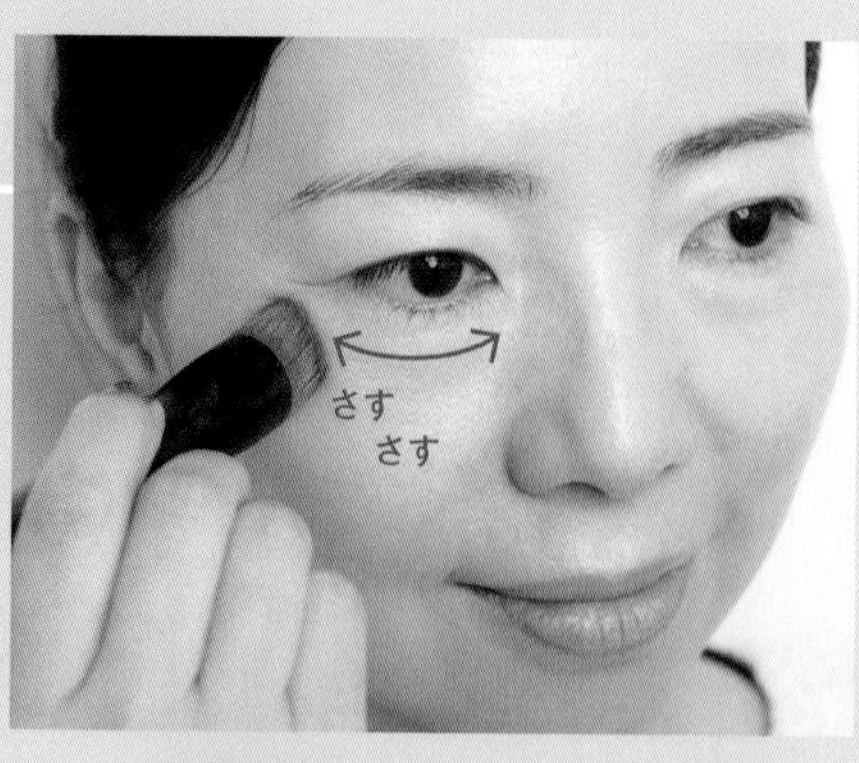

HOW TO 2

とんとん

目元や口元など皮膚が動きやすいところは、スタンプを押すように「とんとん」塗り。

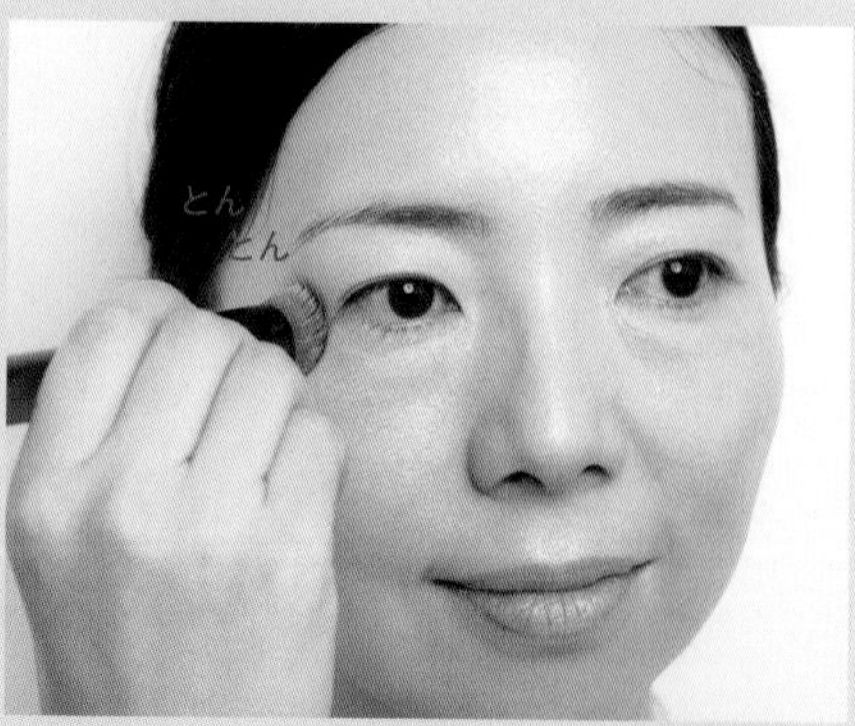

HOW TO 3

くるくる

毛穴などの凹凸が気になるところは、ファンデを入れ込んで密着させる「くるくる」塗り。

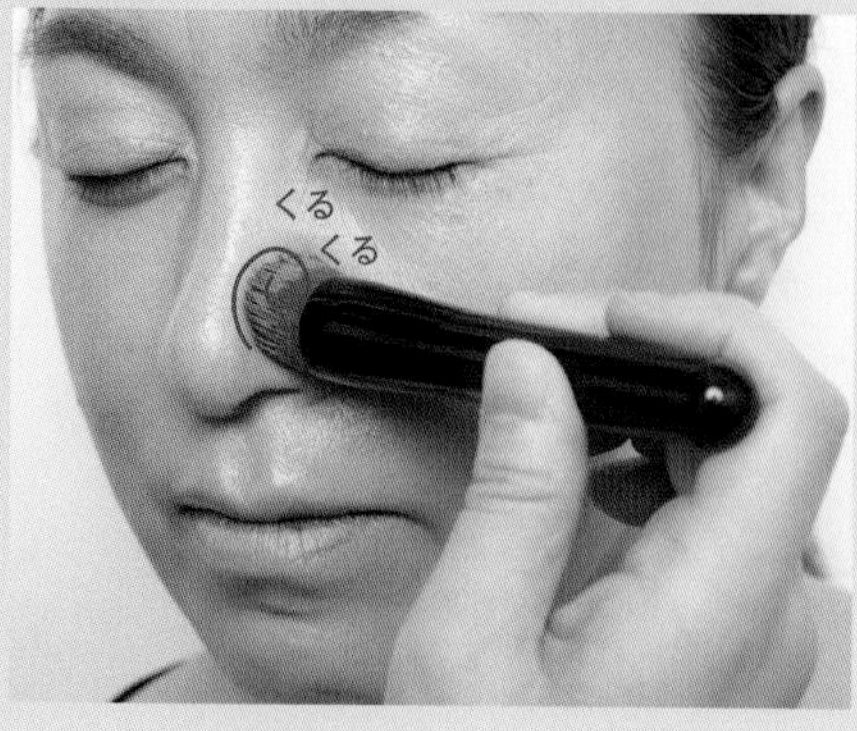

平筆／

つるんとなめらかな 艶肌に仕上がる

ファンデーションが少量ですむ平たい形のブラシ。ファンデーションを薄く塗ることができ、層を重ねていくことでカバー力をコントロール。肌の自然な美しさを演出できます。

四角い形状で、ファンデーションをムラなくなじませるのに最適。
#191 ペイント ブラシ ¥6,000／M・A・C（メイクアップ アート コスメティックス）

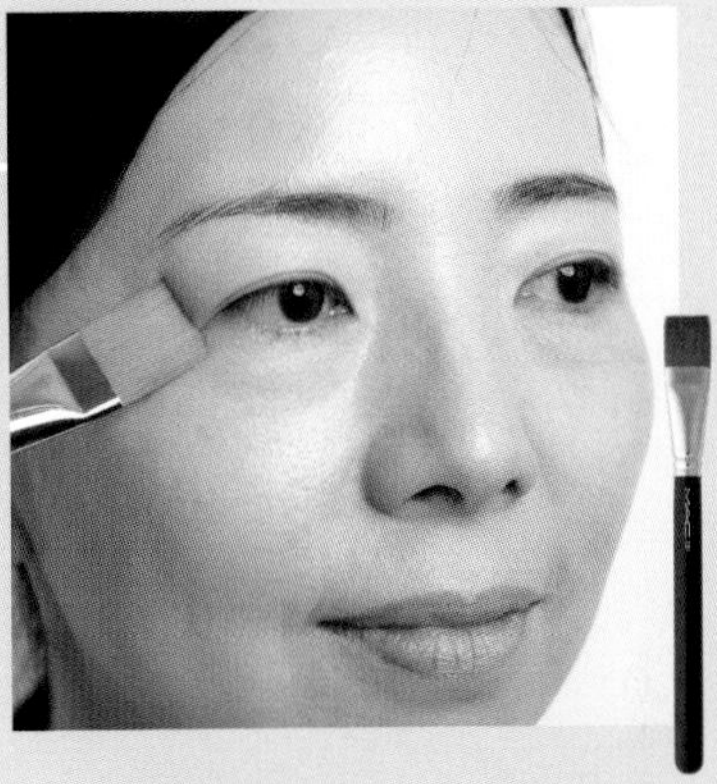

きのこ筆／

高密度で丸みがあり チークがふんわりつく

柄が短くコロンとした形で、きのこのような筆。チークを入れたい範囲に一度でつくサイズ感です。丸みがあり外側の毛が短いので、グラデーションが簡単にできます。

きのこ筆 中 艶消し黒 ¥17,700／白鳳堂

持ち手付き丸筆／

パウダーをふんわりと 薄くのせられる

メイクの仕上げにフェイスパウダーをのせるための筆。顔全体にふんわりのせたいので、大きめで毛量が多く粉含みのいいものがベスト。肌表面をさっとなでるように使います。

パウダーブラシ PRO 12 ¥6,000／ブロス

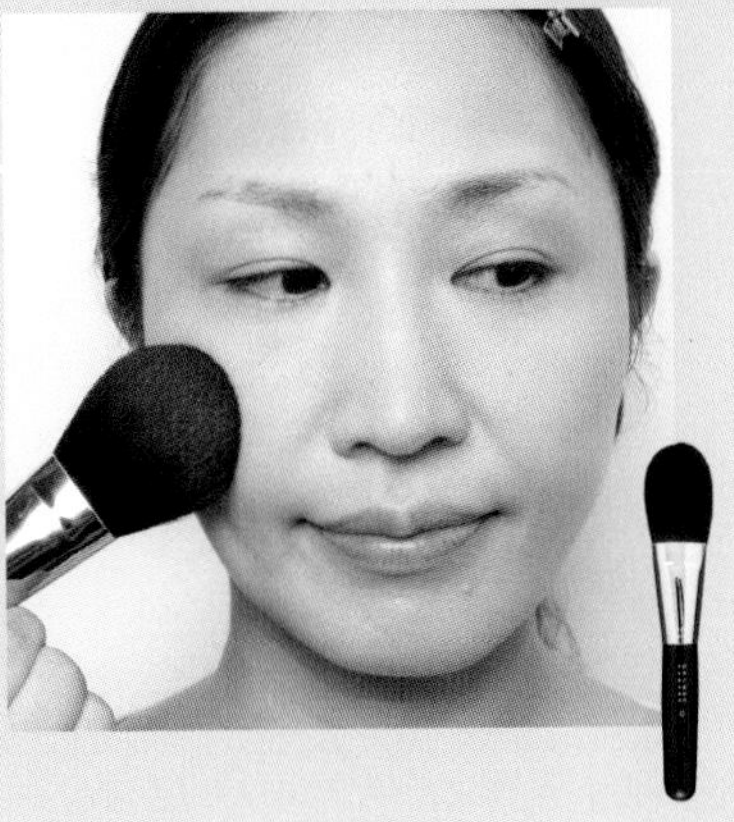

【お悩み別】

大人の混合クマを消したい！

アプリコット×イエローコンシーラー

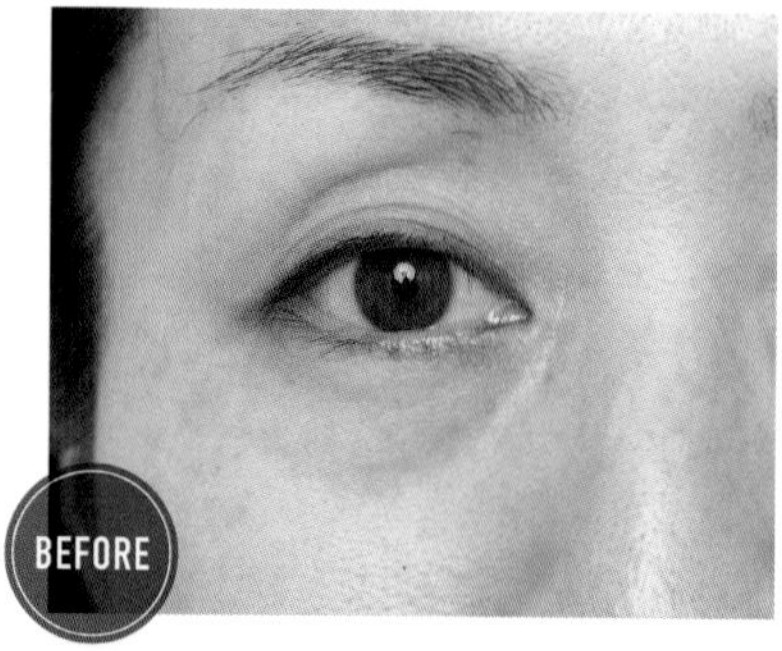

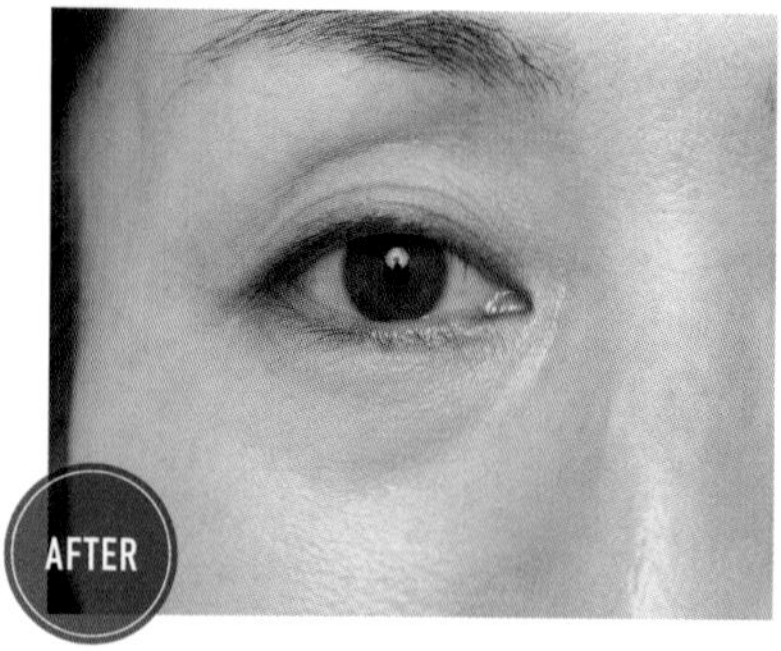

血色感のオレンジと、光を集めるイエローの効果でクマやくすみの目立たない目元に。保湿力も優秀。

アンダーアイブライトナー 全1種 ￥3,000／ケサランパサラン

1

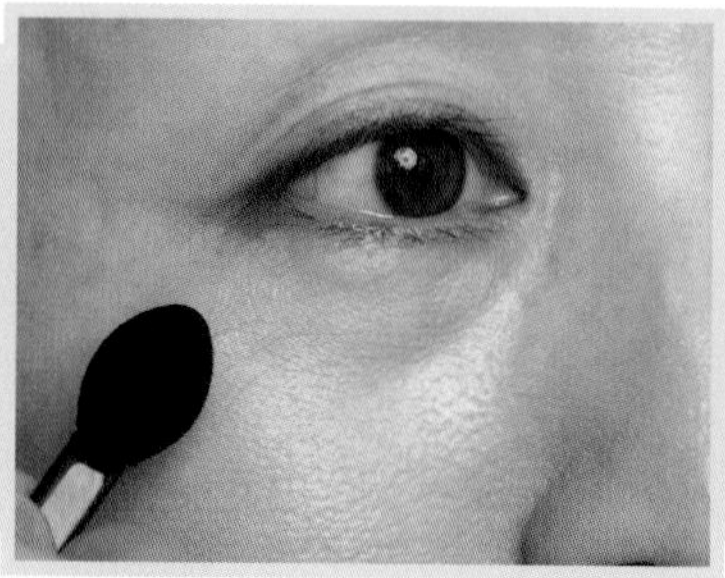

オレンジを目の下にのせて、軽くたたき込む。

2

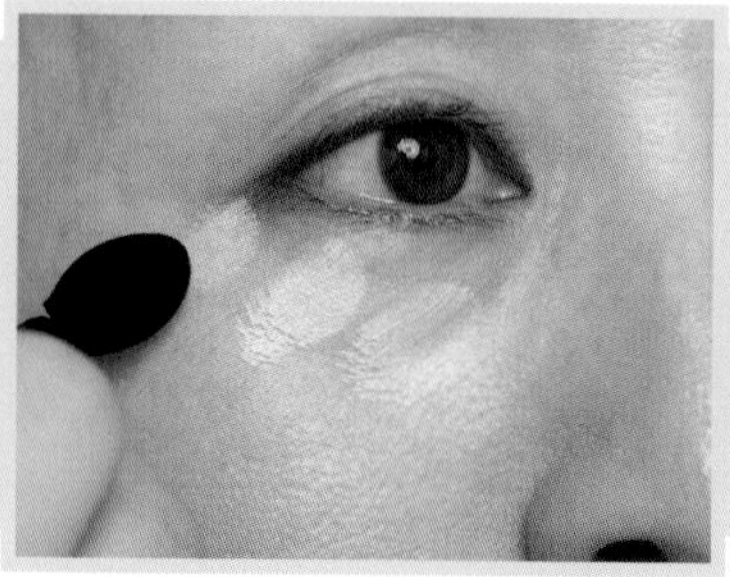

イエローを重ねて、たたき込むように伸ばす。

目の下のクマは、大きく分けて３タイプ。血行不良や目の疲れによる「青クマ」、くすみやシミによる「茶クマ」、たるみで影ができた「黒クマ」。アラフォー、アラフィフともなるとクマの原因もひとつではなく、複合的なクマになります。そこで力を発揮するのがアプリコット×イエローのコンシーラーやコントロールカラー。「青クマ」にはアプリコットで血色感を与え、「茶クマ」にはイエローでくすみや影を飛ばすことで、目の下が明るくなります。ポンポンと優しくなじませましょう。

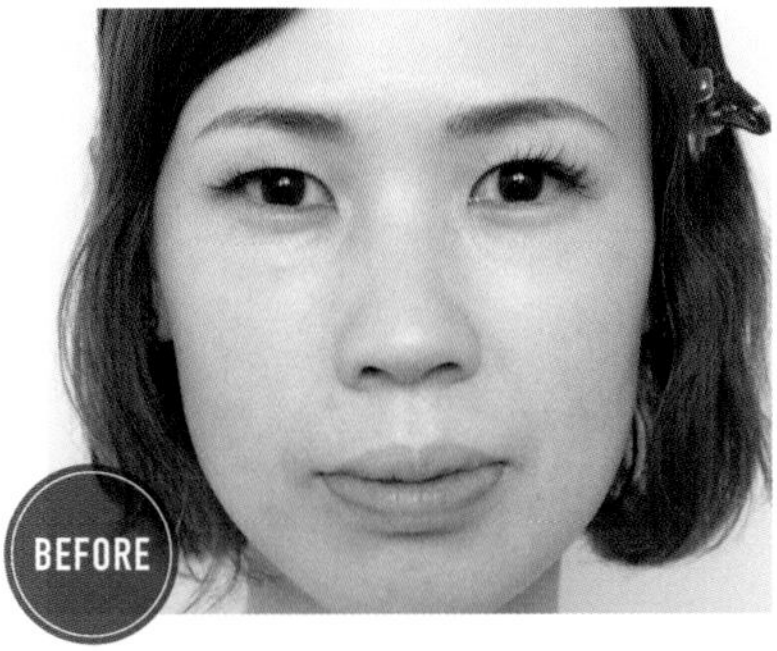

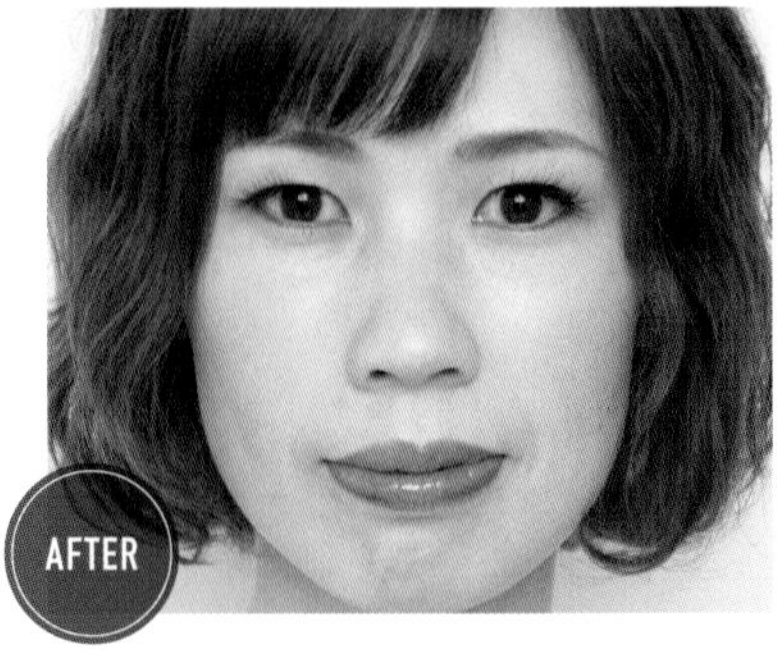

【お悩み別】

頬のハリ不足、骨張った印象をなくしたい！

グロッシーな多色カラーチーク

パウダーでありながらしっとり密着感があり、艶と透明感のある仕上がり。ミックスも単色使いもOK。

キャンメイク グロウフルールチークス 12 ￥800／井田ラボラトリーズ

1

ブラシでチークの色をくるくると混ぜ、手の甲で粉の量を調節し勾玉形（P99）に頬にのせる。

若い頃の頬はぷりっと丸みがありますが、加齢で頬の肉が落ちると、頬骨の下がへこんで骨張った印象に。そんなときは“光をまとったチーク”が活躍。頬がふっくら柔らかく見えて、幸せそうな表情になります。グロウパウダー入りの多色チークなら、艶と色を同時に肌にのせることができ、初心者さんでも簡単に使えます。あたかも自分の頬の色のような、肌なじみのいいものを選びましょう。黒目と小鼻の延長線がぶつかるところをスタート地点にして、横長＋はね上げの勾玉形に。

【お悩み別】

ほうれい線の目立たない
ピチピチ肌になりたい！

メイク前の乳液導入保湿

乳液 / 化粧水 / 美容液

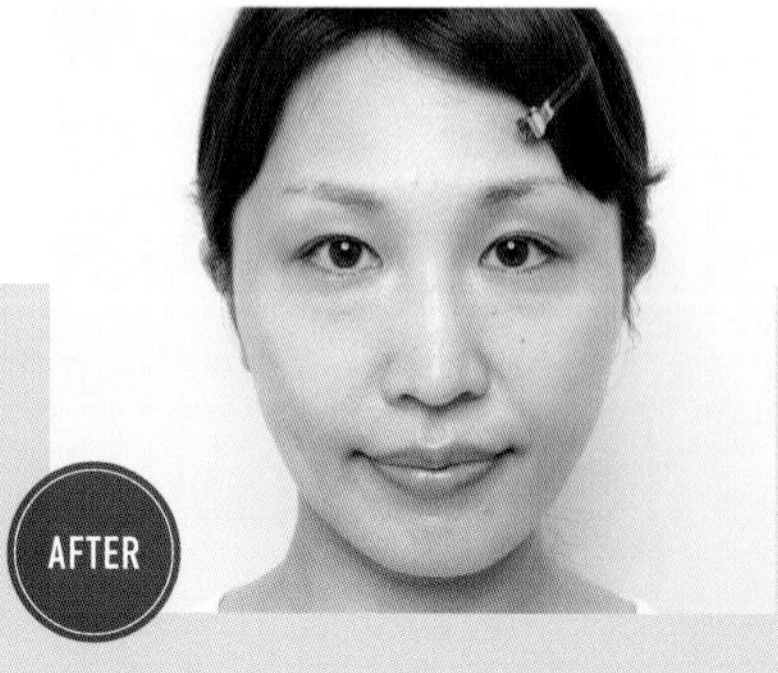

乾燥によるゴワつきやハリ不足が気になる大人肌におすすめなのが、乳液先行型のスキンケアです。洗顔後に乳液をなじませてから化粧水をつけるという、一般的なステップとは逆になっているのが特徴。乳液が角質を柔らかくして化粧水の通り道をつくり、導入剤（ブースター）の役割を果たすことで、肌をふっくらと潤し、毛穴を底から持ち上げてくれます。メイク前にこの「乳液導入保湿」を取り入れると、毛穴やほうれい線の目立ちにくいピチピチ肌に整えることができます。

メイク前の乳液導入保湿

乳液

洗顔後の肌にコットンで乳液をなじませて、柔らかくほぐします。残った汚れや古い角質をふき取る効果もあり、なめらかな質感に。

1

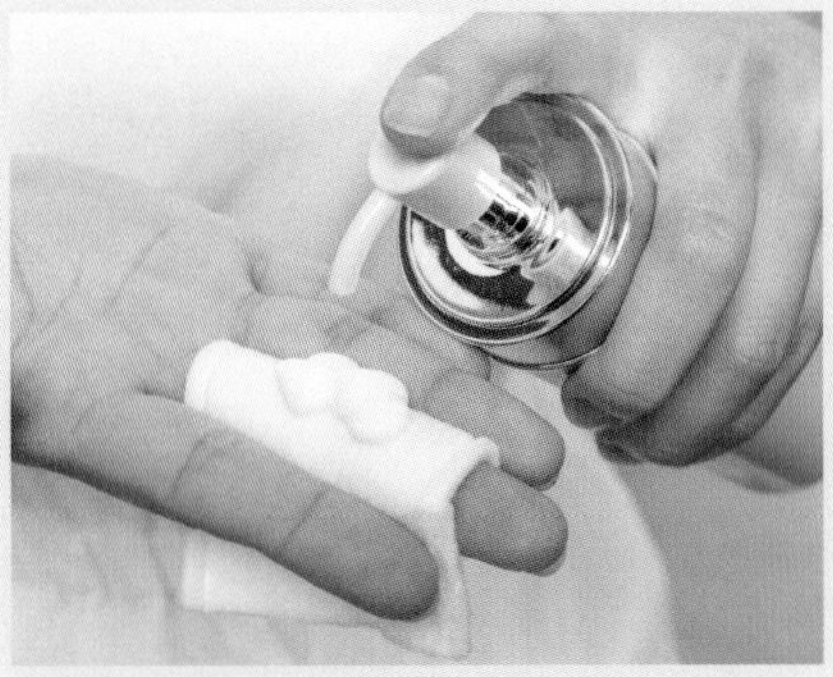

洗顔をしてから、コットンに乳液をたっぷりとる。ポンプ3プッシュ分くらいが目安。

2

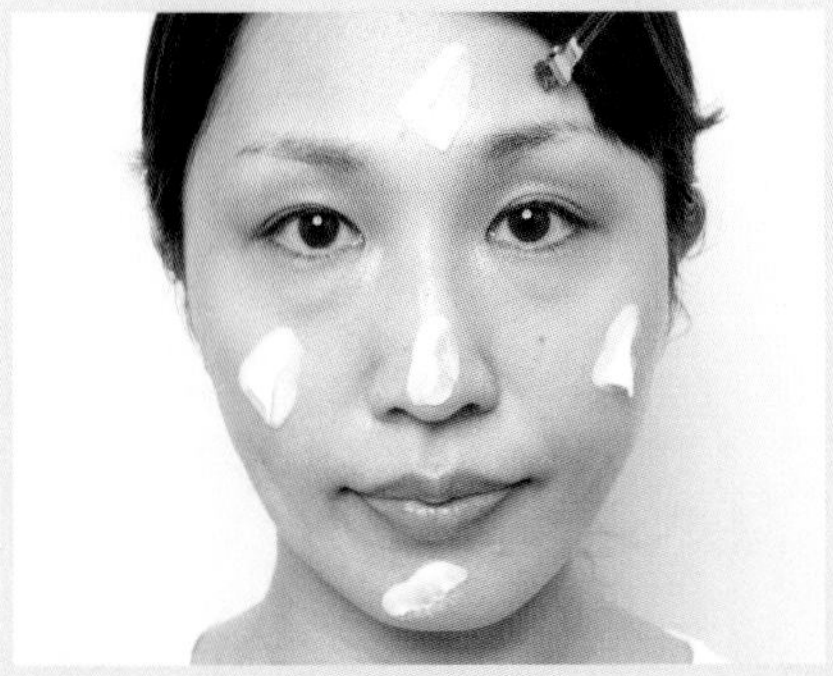

顔の5点（おでこ、両頬、鼻、あご）に置いてから、コットンで全体に伸ばしていく。

3

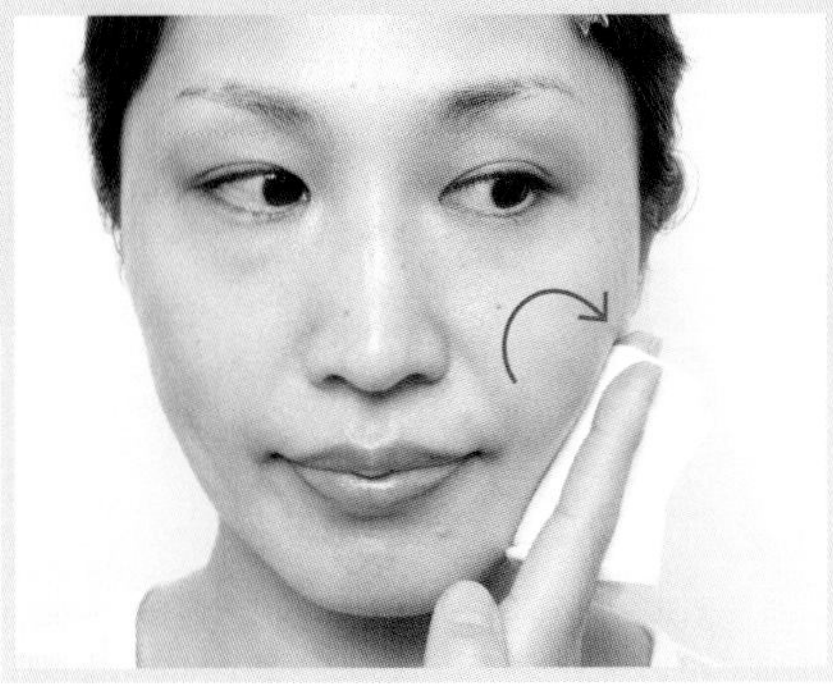

顔の下から上、内から外へくるくると、肌をこすらずに滑らせていくようになじませる。

これを使用

リッチな潤いで肌に弾力をもたらし、しっとりしなやかに。シミ・そばかすを防いで透明感をアップ。

エクサージュホワイト ホワイトライズ ミルク Ⅲ［医薬部外品］200g ¥5,000／アルビオン

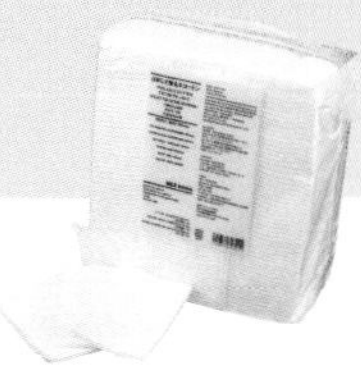

約85×60㎜の大判サイズ＆ふんわり厚めで使いやすい。4枚にはがせるのでコットンパックにも。

無印良品 はがして使えるコットン 162枚入り ¥454／無印良品 銀座

メイク前の乳液導入保湿

化粧水

柔らかくなった肌に、不足しがちな水分をしっかり与えます。タッピングすることで肌をひんやりさせて、引き締めることも大切。

1

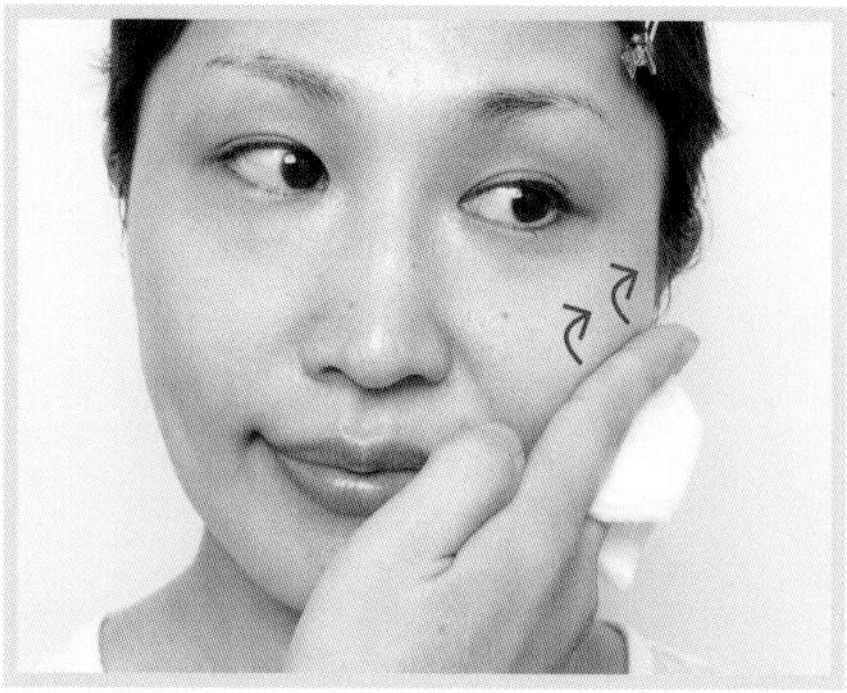

コットンに化粧水をたっぷり含ませて、毛穴に入れ込むように下から上へタッピング。

2

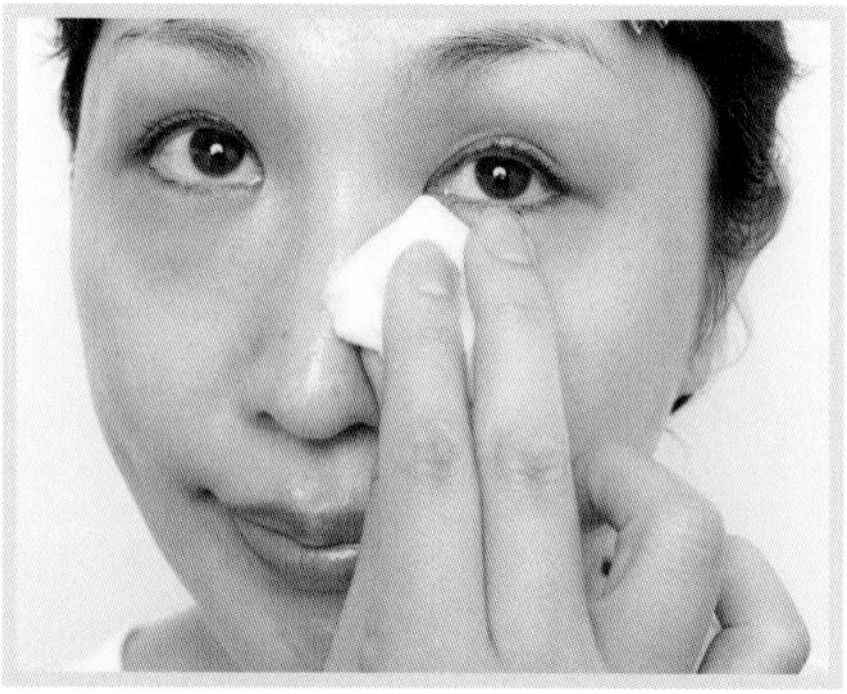

目元や鼻、口元などの細かい部分は、四つ折りにしたコットンの角を使ってなじませる。

3

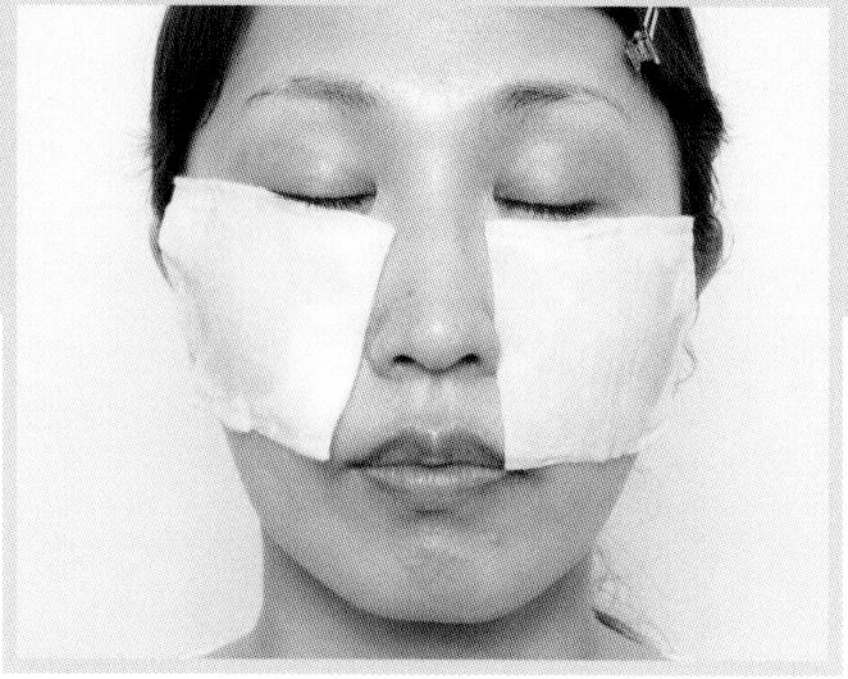

肌がひんやり落ちついてきたら、コットンを割いて両頬に貼る。そのまま5分ほどパック。

これを使用

濃縮ハトムギエキス配合。肌のコンディションを健やかに整え、肌荒れなどのトラブルを予防。

薬用スキンコンディショナー エッセンシャル［医薬部外品］165ml ¥5,000／アルビオン

これもおすすめ！

プチプラ＆大容量で毎日惜しみなく水分補給。ベタつきのないさっぱりとしたテクスチャー。

ナチュリエ ハトムギ化粧水 500ml ¥650／イミュ

メイク前の乳液導入保湿

美容液

ピチピチ肌のためには、ハリや弾力感、艶をもたらすエイジングケア美容液がおすすめ。自分を可愛がるように丁寧に塗りましょう。

1

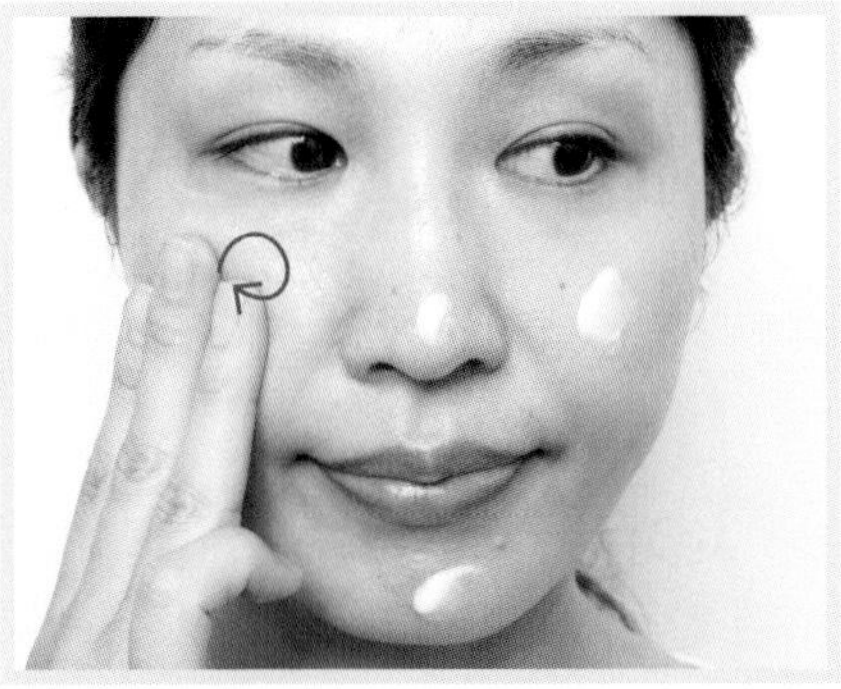

おでこ、両頬、鼻、あごに5点置きして、指先でくるくるとなじませるように伸ばす。

2

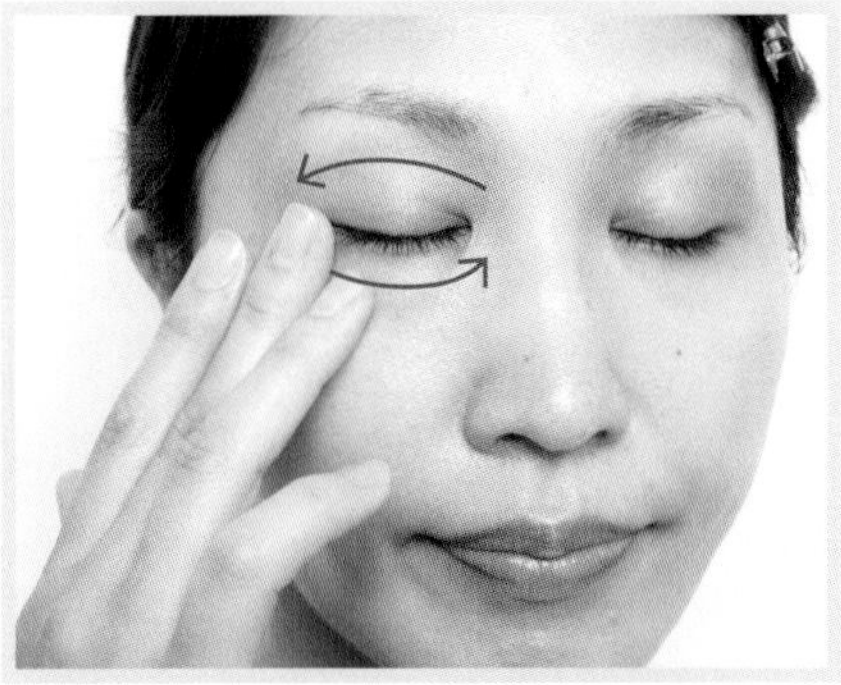

特に目まわりは優しく、目尻→目頭→上まぶたの順に、指の腹で丁寧に伸ばすように。

3

人中（鼻の下の溝）や唇の下も忘れずに塗ったら、丁寧にハンドプレスして浸透させる。

これを使用

肌に存在する美肌菌の量やバランスを保ち、イキイキとした輝きあふれる肌に導く高機能美容液。

ジェニフィック アドバンスト N 30ml ¥10,000／ランコム

潤いを閉じ込めてピンとしたハリ肌に導き、乾燥小ジワを目立たなくするミルクタイプの美容液。

ちふれ 濃厚 美容液 30ml ¥1,000／ちふれ化粧品

時間がないときは…

一石二鳥のオイルミスト保湿

忙しいときやお風呂上がりなど、とりあえず急いで保湿しておきたいときは、水分と油分をまとめて与えられるオイルミストが重宝。

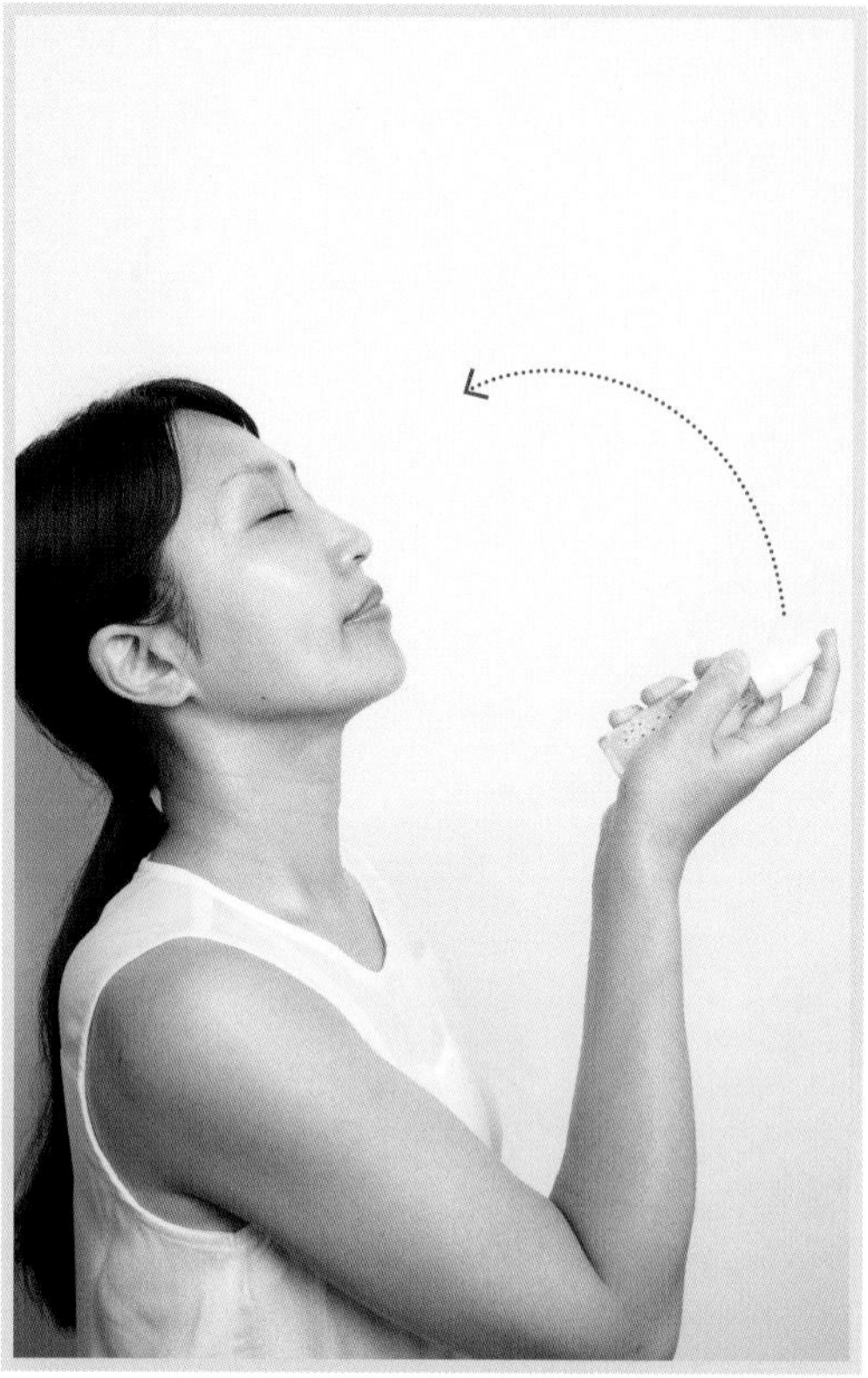

ボトルを振って水分と油分の２層を混ぜてから、斜め上に向けてスプレーし、落ちてくるミストを顔全体に浴びるようにつける。

白ゆりオイルと純白花エキス配合ウォーターの２層式。肌土台を整えて明るさを引き出すブースター。

メルヴィータ ネクターブラン ウォーターオイル デュオ 50ml ￥4,000／メルヴィータジャポン

時間があるときは…

とっておきのスペシャル保湿

時間に余裕のあるときや大切なイベント前などは、温めケア＋保湿＋マッサージを同時に行うセルフエステを。肌も心も癒されます。

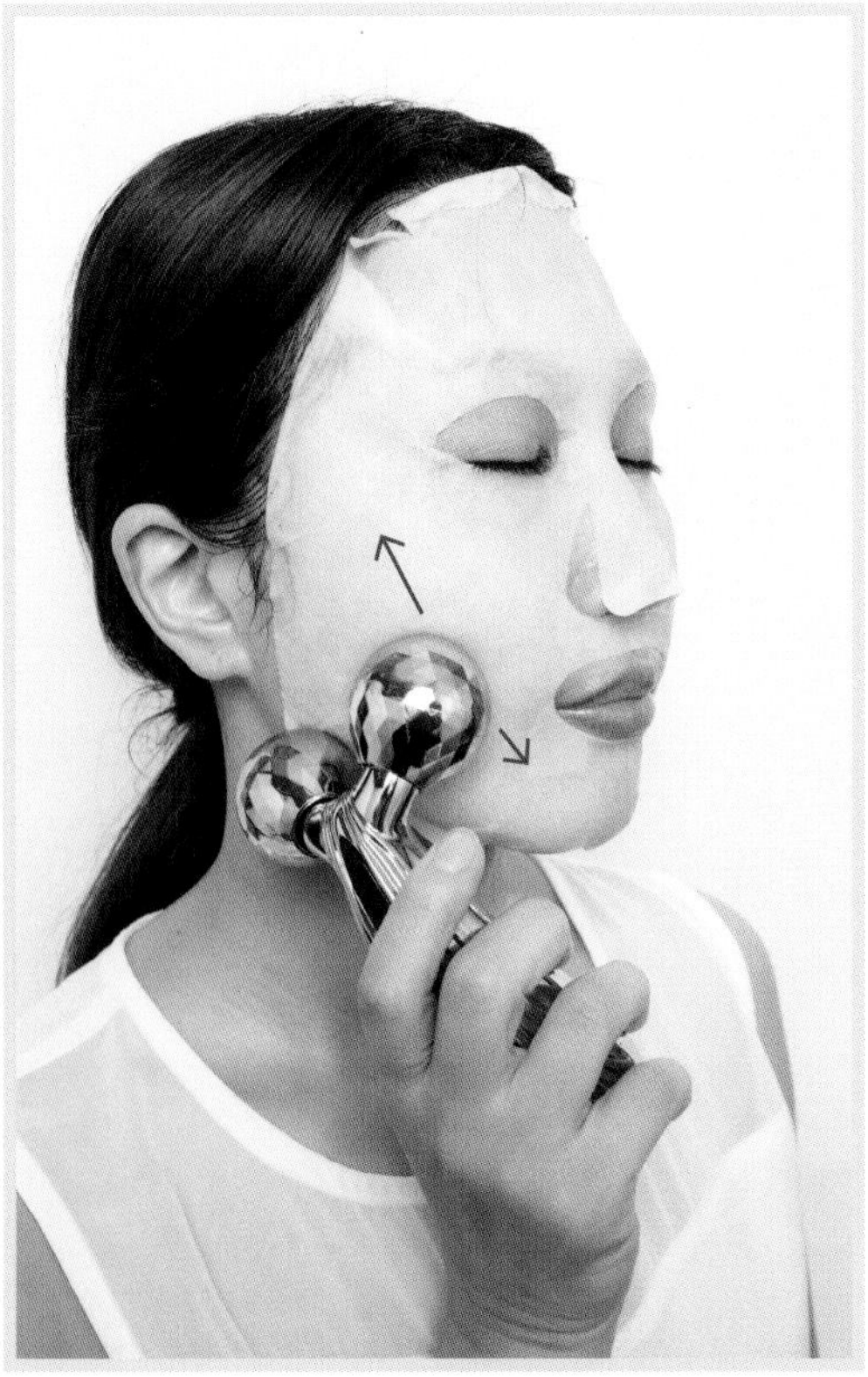

保湿成分たっぷりのシートマスクを貼り、スチーマーで肌を温めながら、美顔ローラーで顔のコリや血行不良を解消。ぷる艶肌に！

保湿成分の白麹エキスを配合したミルク美容液が、角層深くへ浸透。しっとり柔らかな美肌に。

正宗印 ミルク美容液マスク 27ml×3枚入り ￥900／菊正宗酒造

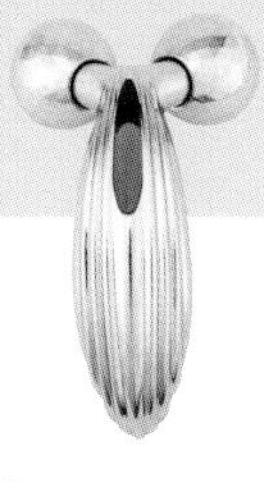

微弱電流マイクロカレントが発生。エステの手技を再現したつまみ流すような動きで引き締める。

リファカラットレイ ￥26,800／MTG

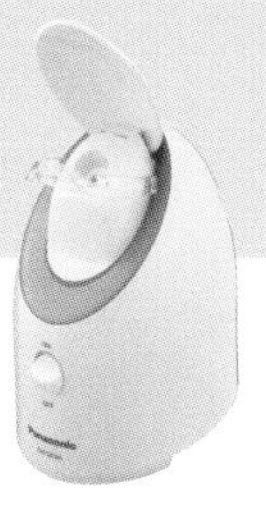

ナノサイズのスチームで肌に潤いとハリ感を与える。簡単操作で使いやすいコンパクトタイプ。

スチーマー ナノケア EH-SA3A オープン価格／パナソニック

大人まゆメイク

まゆは顔の印象を決めるキーパーツ。
それでいて年齢によるガタが出やすいため、
理想のまゆに戻すことが若見えの近道です。

BEFORE

普段のメイク

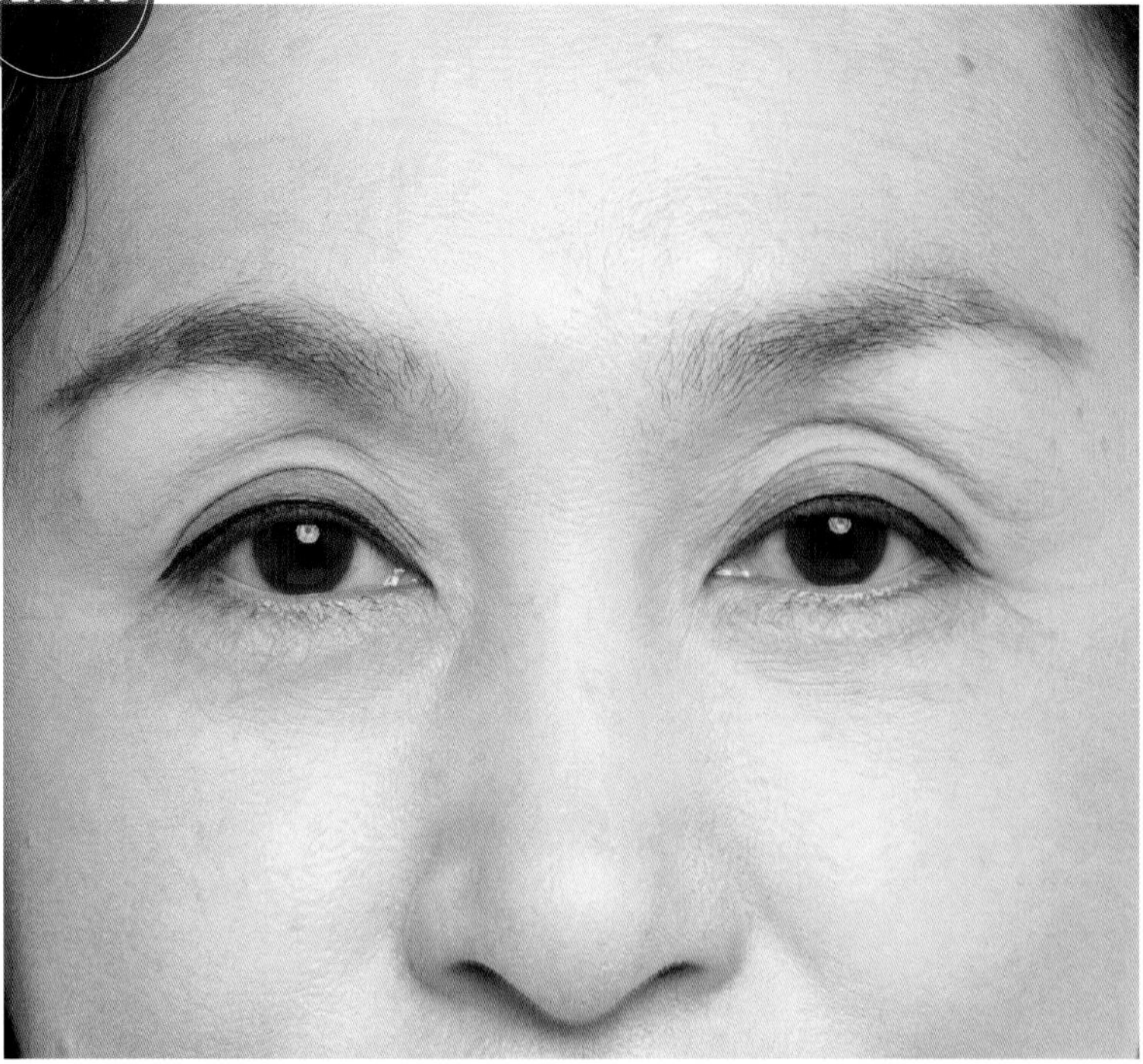

“ 印象の7割をまゆがつくる。年齢とともにまゆも変化している ”

まゆは、その濃さ、長さ、形、角度で与える印象が変わってきます。
例えば短めまゆならやんちゃで可愛い、長めまゆなら誠実で穏やか……など。
まゆをどこからどう変えたらいいの？　と悩んでしまう方も多いはず。
まずは、年齢とともに変化するまゆの特徴＝老け見えの原因を知っておきましょう。
老け見え原因の逆になるようにメイクをすれば、若返りを図れます。

大人の肌変化チェックリスト

- □ ゆがむ
- □ 角度がつく
- □ 薄くなる、まだらになる
- □ 左右差が出る（高さ、長さ）
- □ 目との距離が開くなど

錯覚メイク

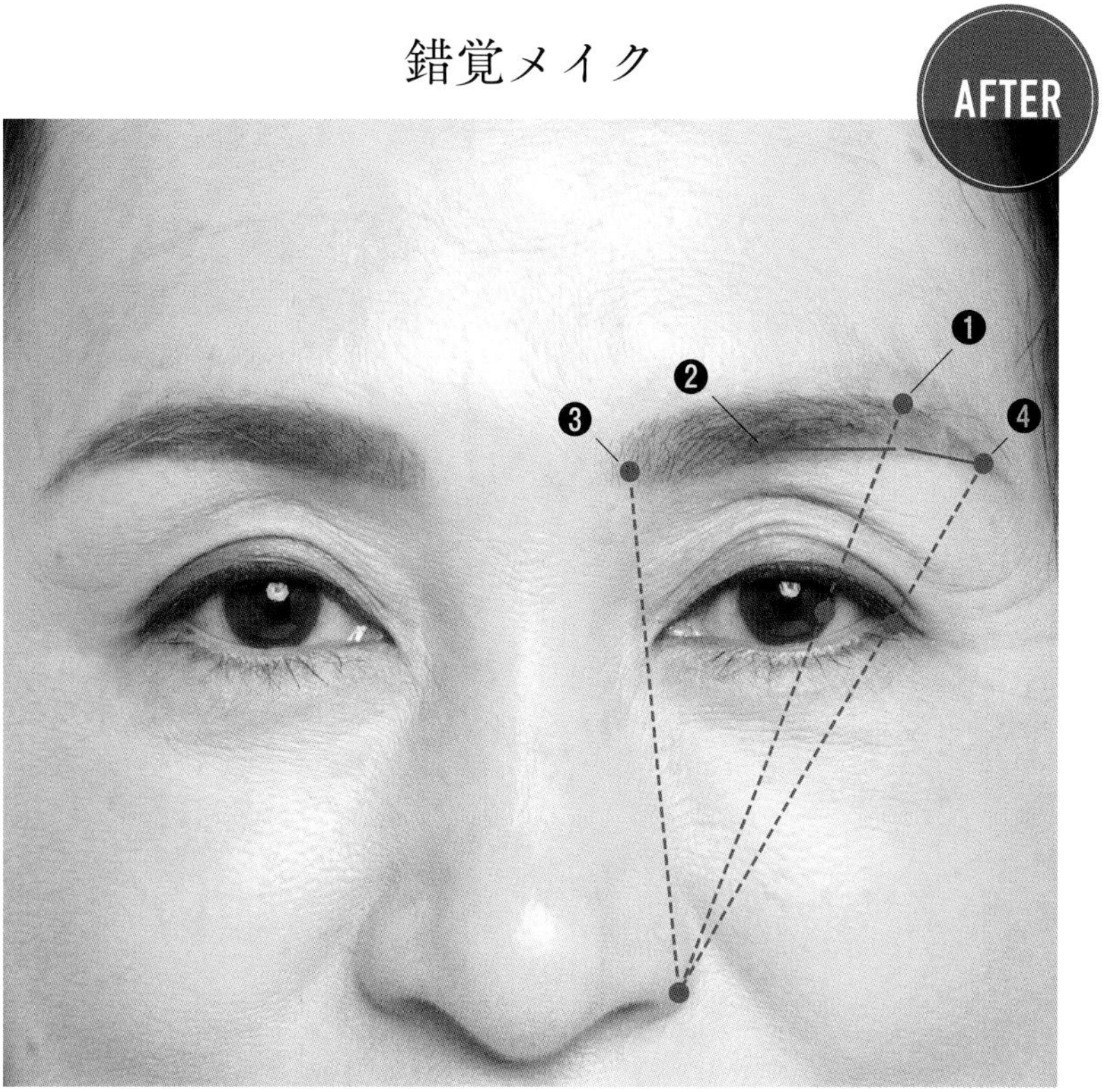

“ 理想の位置にお引越しすると劇的に若返って見える ”

まゆの理想の位置とは？

まゆは、年齢とともに上にずれていきます。また、まゆを動かす筋肉のクセで左右差が生まれたり、まゆの中にえくぼのようなへこみができたりします。まゆカットやライン補正で理想の位置にお引越しさせると若々しい印象に。

▸ 理想の位置

❶まゆ山

小鼻と黒目外側を結ぶ線の延長上が基本。目尻から黒目端までの白目ゾーンにおさめる。

❷まゆ下

開いてしまったまゆと目の距離を狭めるため、まゆの下ラインは自まゆよりも1mm下げる。

❸まゆ頭

小鼻と目頭を結ぶ線の延長上が基本。なりたいイメージに合わせて、やや内やや外にずらす。

❹まゆ尻

小鼻と目尻を結ぶ線の延長上が基本。まゆが少し長めに仕上がり、表情が穏やかに見える。

毛流やカラーを補正するとさらに印象が変わる

まゆの毛そのものの状態も若見えに大きく関わっています。質感や毛流れを調整して毛にハリやコシ、動きがあるように見せると目元が若々しい印象に。また、人の目は黒いものに吸い寄せられる傾向があるので、まゆの色を少し明るくすると黒い瞳に視線が誘導されるためその人をより魅力的に見せてくれます。

1

cut

まゆカット

まゆ山を外側へ数ミリ移動すると面長解消で若返る

まゆ山は、顔の正面と側面の境界線。内側に寄ると正面顔の範囲が細長くなり、面長感が増します。まゆ山を少し外側へずらして印象を横へ広げ、面長を解消します。

毛抜きやハサミで余分な毛を処理して、まゆ山の位置が目尻から黒目の端までの白目ゾーンにおさまるように整えましょう。年齢とともに皺眉筋《しゅうびきん》の影響でまゆに左右差が出てしまうので、コリをほぐすのも大切。まゆを描く際にグラデーションをつけやすいように、毛が密集している部分はトリミングします。ただし、毛は若さの象徴なので減らしすぎないように。

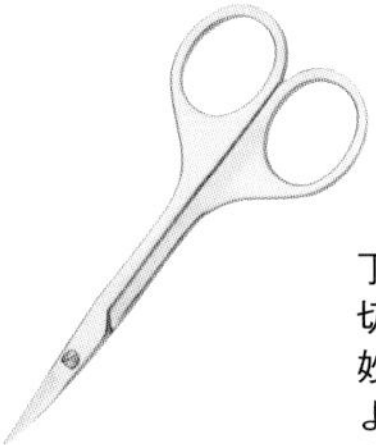

丁寧に調整された切れ味のよさと絶妙な刃先カーブにより、まゆ毛を美しくカットできる。

アイブローシザーズ N 212 ¥2,500／資生堂

これを使用

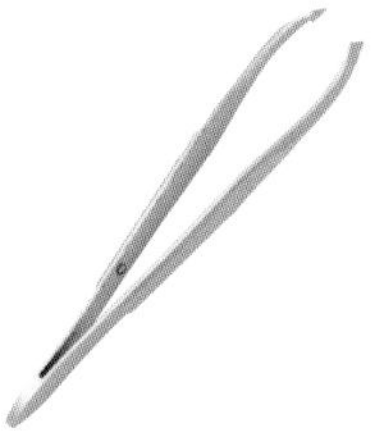

先端の刻み加工により毛を1本ずつ正確にキャッチ。力を入れずに抜くことができる。

アイブローニッパーズ N 211 ¥1,300／資生堂

BEFORE

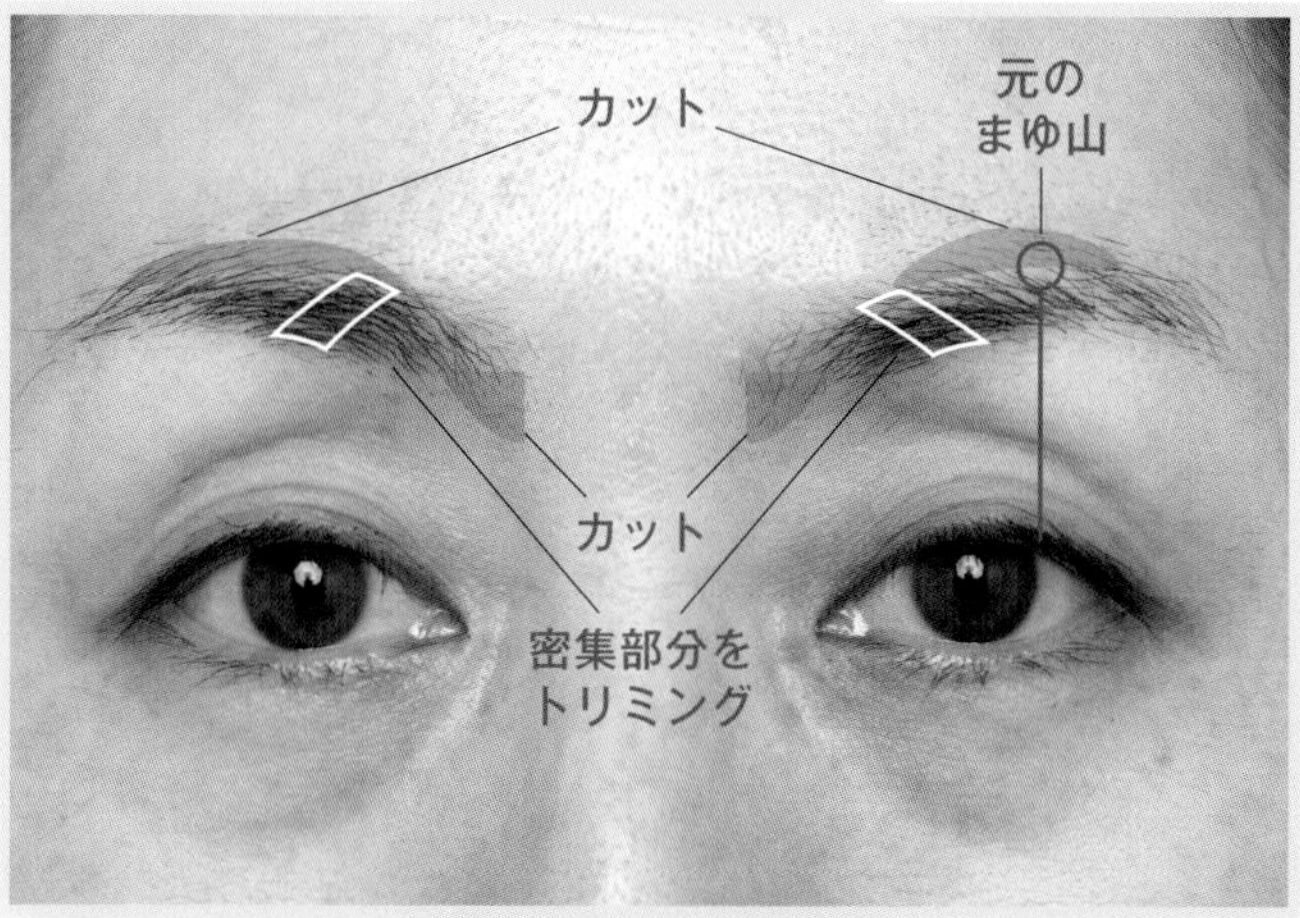

まゆの上の余分な毛で、まゆ山が黒目の端の真上にあるように見える。また、内側に毛が密集。

AFTER

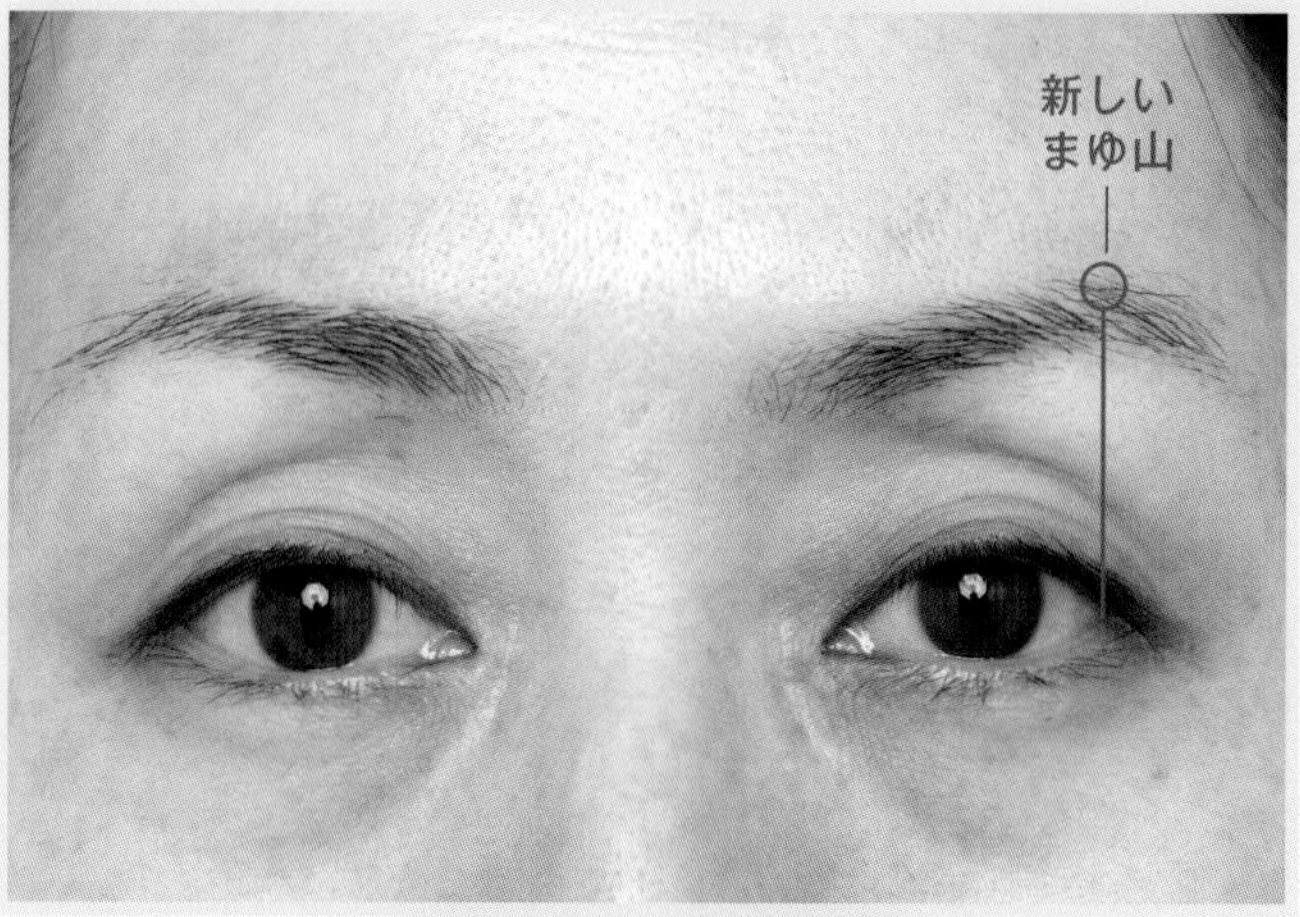

余分な毛を毛抜きやハサミで処理して、まゆ山の位置を移動。まゆの上ラインの位置が下がる。

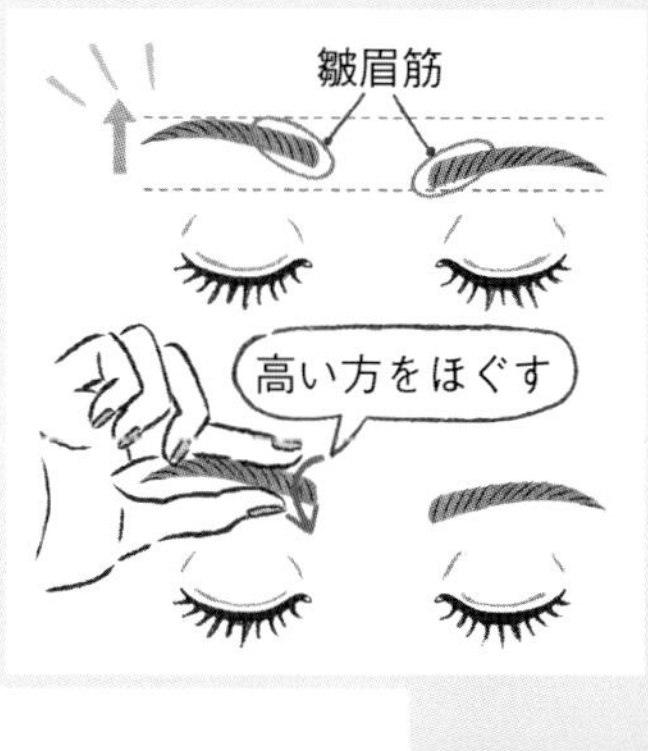

まゆをひそめるときに使う皺眉筋の影響でまゆの位置が左右で揃わなくなる

高い方の位置にあるまゆをほぐしてあげると左右のまゆが揃ってくる。

2

outline

輪郭どり

まゆの下ラインを1㎜下げて目との距離を狭めると若返る

年齢による顔立ちの変化でまゆの位置が上がり、まぶたが下がると、まゆと目の距離が広がってしまいます。この余白を減らすことが、若返りのカギ！

方法は簡単。まゆの下ラインをいつもより下げて描くだけ。まゆと目の距離が狭まり、余白が減って目元がぱっちりと若々しく見えます。とはいえ、狭めすぎるときつく見えるので要注意。大げさに下げるのではなく、ペンシルの芯の幅1㎜で十分です。また、まゆにはグラデーションが必要なので、輪郭もまゆ頭側が薄く、まゆ尻が濃くなるように描きましょう。

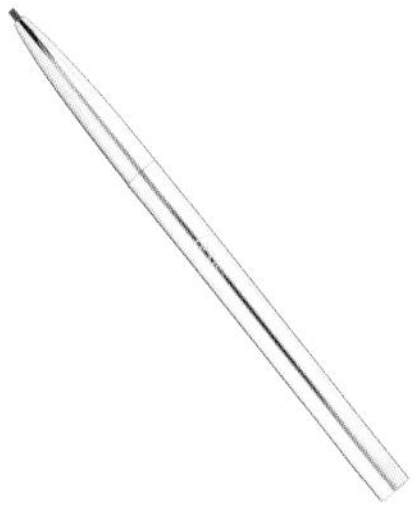

これもおすすめ！

毛に近い極細芯で、まゆ毛が足りない部分の隙間を埋めるように描き足せる。自然な仕上がりに。

アイブロウペンシル（レフィル）全4色 各¥1,800／イプサ

これを使用

まゆ尻の1本1本まで繊細に描ける、0.9㎜の超細芯。水、汗、皮脂に強いウォータープルーフ。

セザンヌ 超細芯アイブロウ 03 ¥500／セザンヌ化粧品

輪郭どりプロセス

1

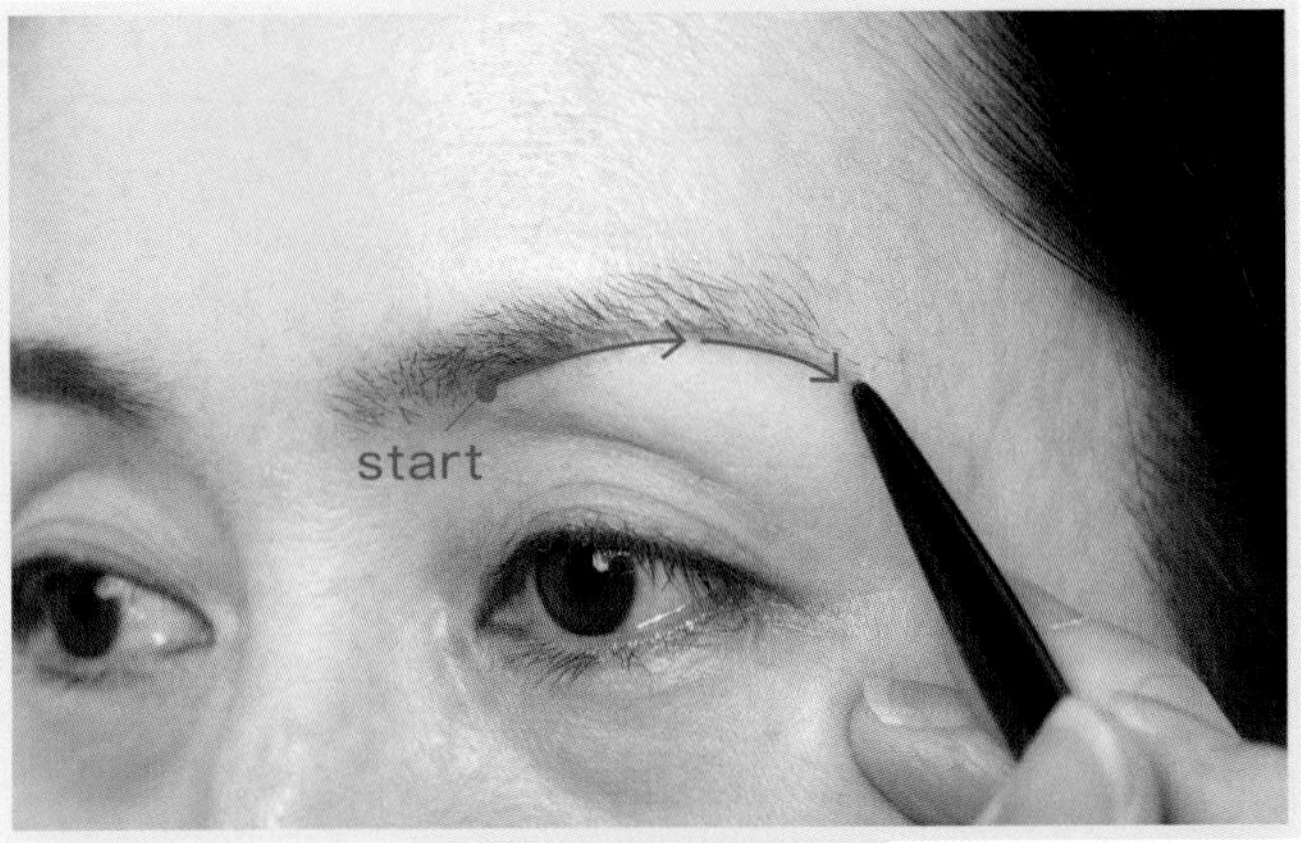

自まゆより1mm低い位置に下ラインを描く。まゆ頭は描かず、まゆ尻は少し長めにすると面長解消効果あり。

2

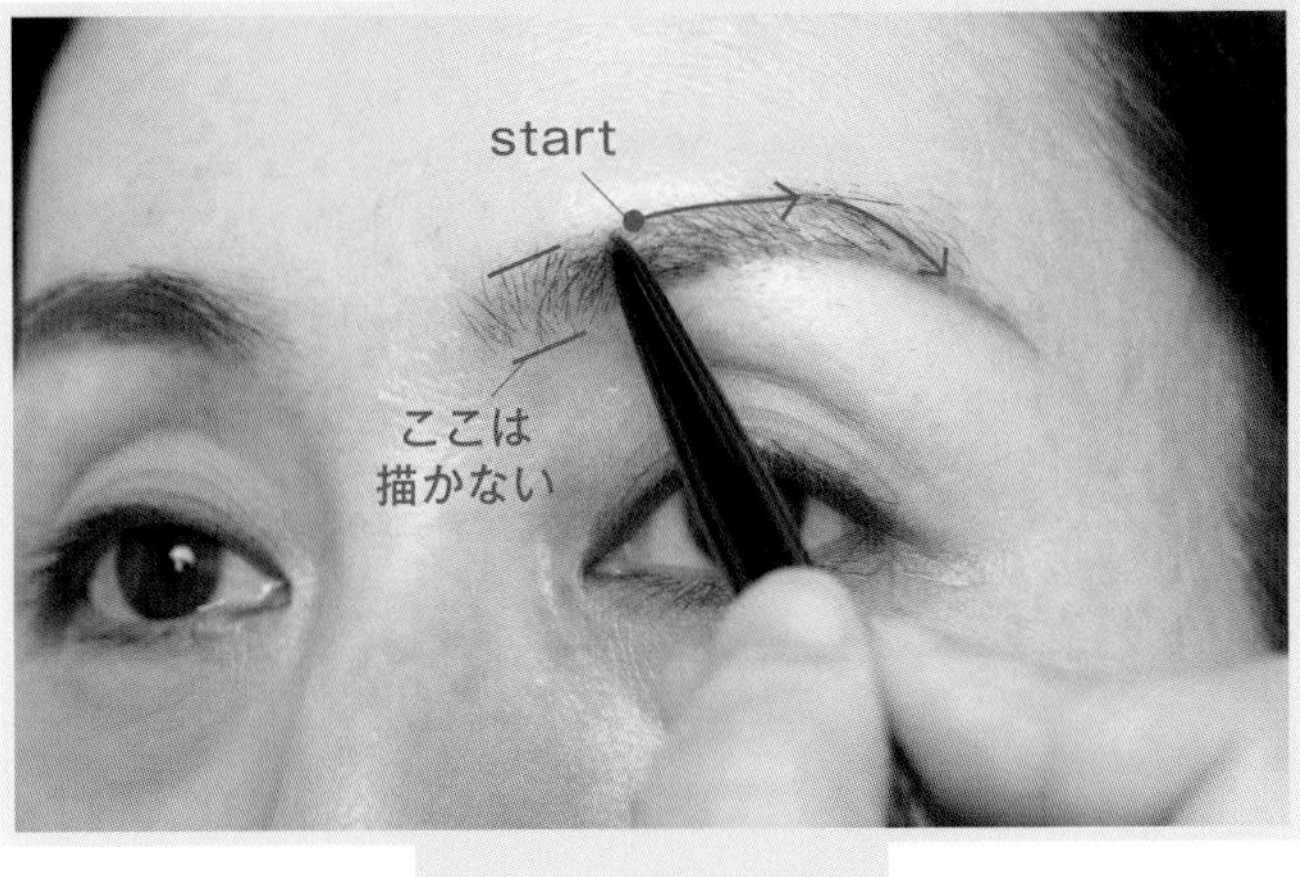

上ラインは整えた自まゆに合わせる。まゆ頭からまゆ山、まゆ山からまゆ尻の順に描く。

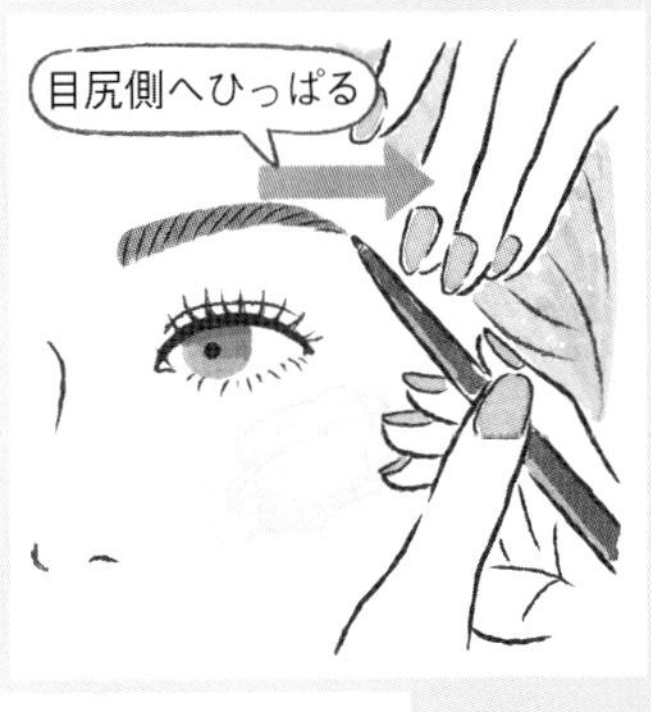

反対の手で目尻をひっぱるようにするとキレイに描ける

皮膚のたるみをピンと伸ばして描くことで、ラインがガタつきにくくなる。

3

Fill Inside

内側埋め

描いたまゆをぼかしながら まゆ頭にふんわりと色を移す

輪郭ができたら、まゆ毛が不足して隙間が気になるところをメインに、ペンシルで内側を埋めます。まゆ頭は描かずに残しておきましょう。

まゆ頭は、顔の印象を決めるキーパーツ。眉間は怒りや困惑など〝負の表情〟が現れるところなので、まゆ頭を濃くするといじわるそうに見えてしまいます。だから、自然と溶け込むようなまゆ頭にすることが大事。描いたまゆをまゆ頭に向かって綿棒でぼかしていくことで、ふんわり薄く色づき、穏やかな表情に。

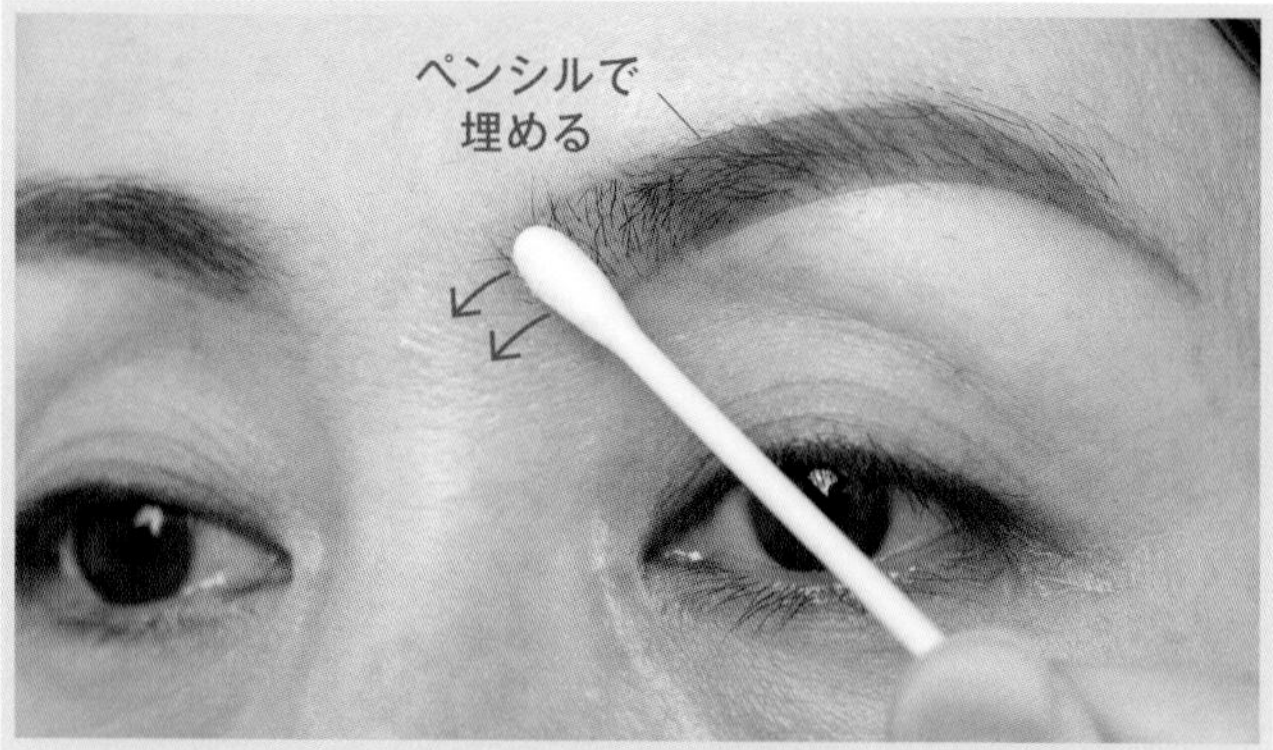

描いたまゆをぼかしながらまゆ頭に色をのせ、そのまま鼻筋へ向かってノーズシャドウに。

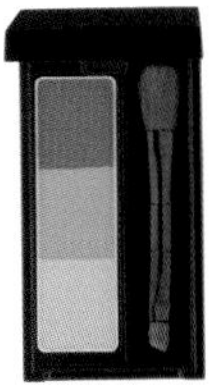

これもおすすめ!

自然なグラデーションのついた立体的なまゆと、彫り深い目元を簡単につくれるパレット。

ケイト デザイニングアイブロウ3D EX-4 ¥1,100（編集部調べ）／カネボウ化粧品

これを使用

5色のパウダーと4種のブラシで、まゆの形、陰影、色を自在に操り、美しく仕上げる。

アイブロウ クリエイティブパレット ¥4,200／イプサ

優しい印象にするなら パウダーで柔らかさと温もりをオン

優しげで柔らかそうな顔にしたい場合は、よりふんわりとしたまゆに仕上げるために、アイブロウパウダーで内側を埋めます。自分の髪や瞳とかけ離れない、温もり感のあるカラーがおすすめ。

パウダーをブラシにとったら、まず最初にのせるのがまゆ尻です。なぜなら、まゆ尻を一番濃くしたいから。まゆ尻に比重を置くことで、大人の面長顔が横へ広がり、若々しく見えます。あとは、まゆ尻にのせた色をまゆ頭へ向かってぼかしていきましょう。

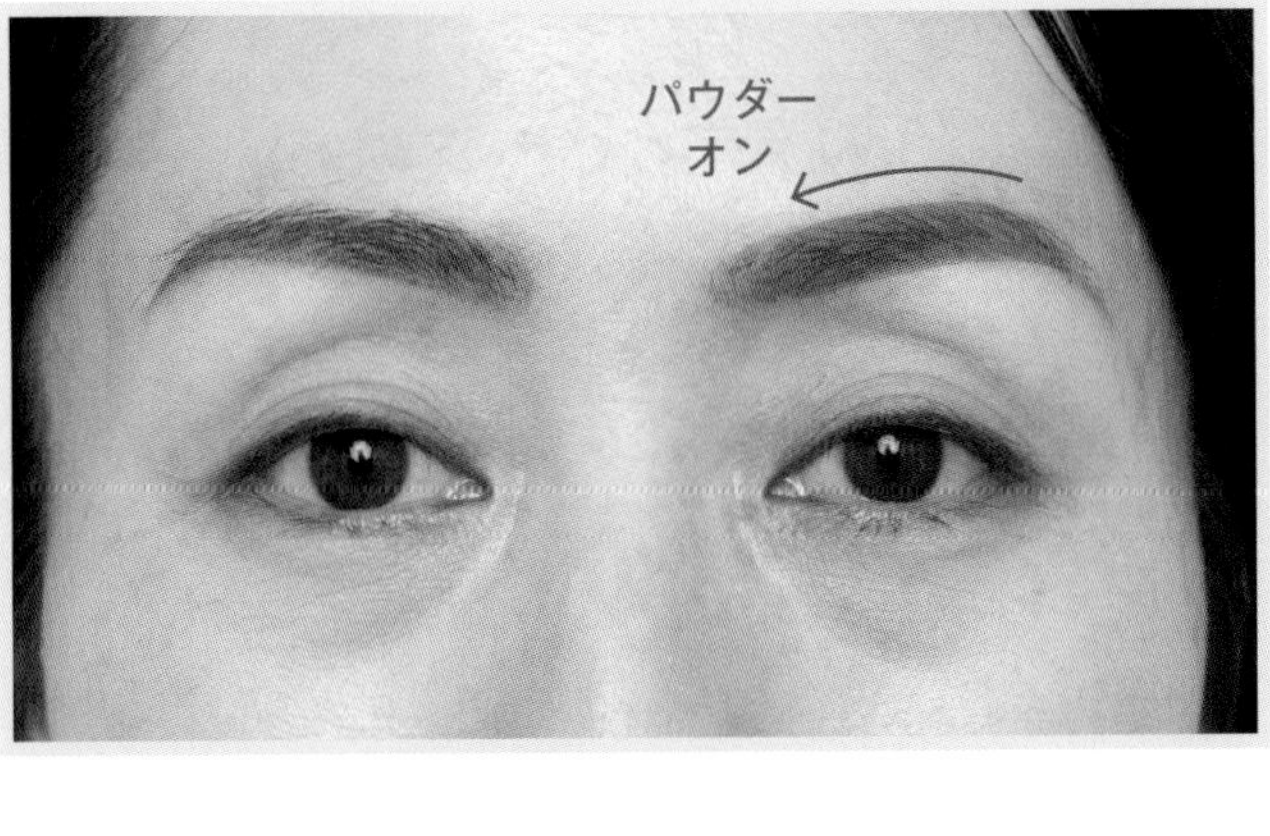

赤みブラウンのアイブロウパウダーを使うと、温かみのある優しい雰囲気のまゆに仕上がる。

4

line adjustment

ライン調整

まゆ尻は目尻のダウンラインより少し上げると横顔リフトアップ効果

まゆ山からまゆ尻の角度、何となく決めていませんか？　目をぱっちり開けたときの黒目の頂点から目尻を結ぶラインと、平行に描くのが基本となりますが、ここで小技を使いましょう！

年齢を重ねると顔の中に4つのダウンラインが出てくるというお話をしましたが、下がった目尻ラインに合わせて描くと、まゆ尻が〝5番目のダウンライン〟になってしまいます。基本よりもまゆ尻をほんの少し上げるだけで、リフトアップ効果を狙えます。ペンシルでまゆの輪郭を描くときに、この角度を意識してみてください。

目尻のダウンラインに逆らったまゆ尻で横顔美人！

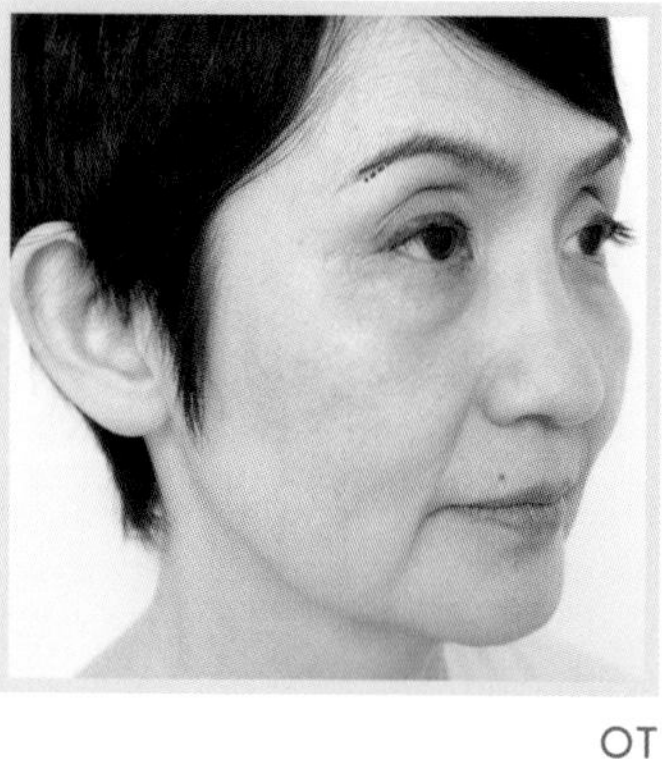

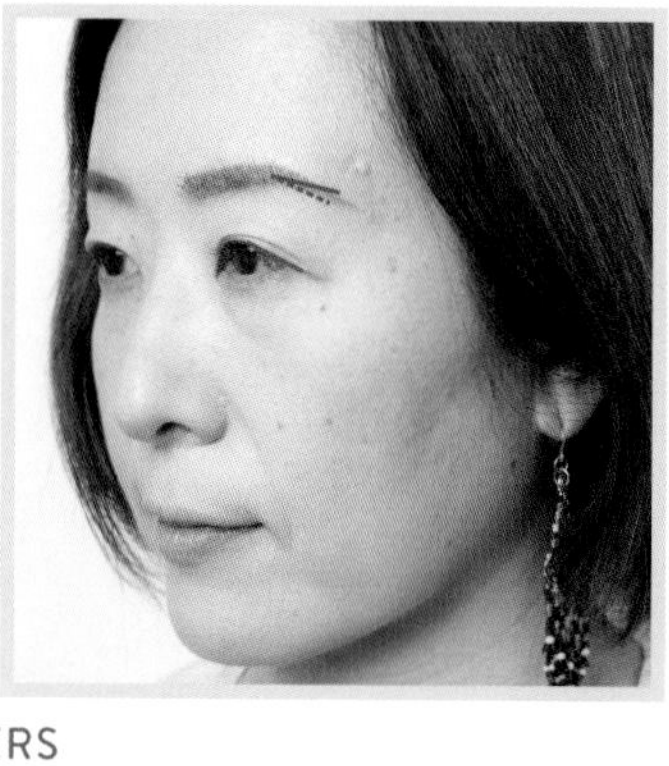

OTHERS

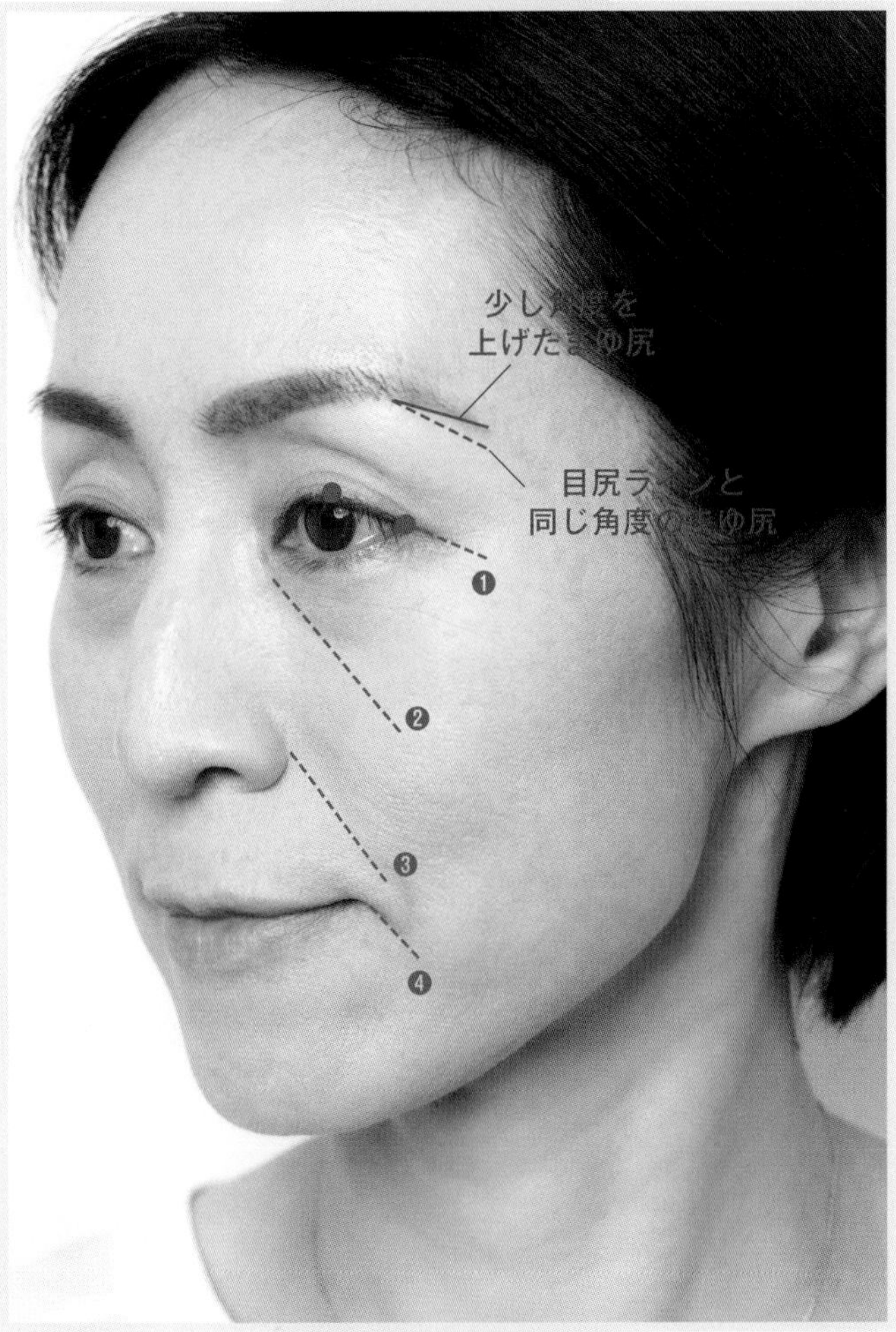

まゆ尻は目尻ラインより角度を上げる

若い頃は目尻ラインと平行の角度のまゆ尻でOKなのですが、目尻のダウンラインに抵抗するようにまゆ尻をほんの少しだけ上げる。角度は写真くらいの差で十分。

年を重ねるとともに現れる4つのダウンライン

①目尻下がりライン　②ゴルゴライン（目の下のたるみ）　③ほうれい線　④マリオネットライン（口角ライン）の４つがある。どのラインよりも角度が上がっていると横顔美人に。

5

eyebrow mascara

アイブロウマスカラ

自まゆより少し明るくすると あか抜ける。まゆ頭の毛は立てる

まゆは顔の印象を大きく左右するパーツですが、決して主役ではありません。主役は瞳。まゆは瞳を引き立たせるフレームです。

瞳が一番濃く目立つようにするには、まゆの存在感を少し抑える工夫が必要。まゆマスカラでまゆの色みをワントーンアップさせて、柔らかく見せましょう。まゆが主張しすぎず、一気にあか抜けた雰囲気になります。

まゆマスカラには、まゆの毛流れを整えたり立体的に見せたりする効果もあります。まゆ頭の毛を立てて「毛が元気」に見えると、目元の若見えにもつながります。

まつ毛とアイブロウ両方に使える便利なブラシ。毛1本1本をキレイに仕上げられる。

ユーアーグラム スクリューブラシ／私物

これを使用

コンパクトな角型ブラシでまゆに均一に色をのせられて、毛流れと立体感をコントロールできる。

アイブロウマスカラ 03 BR（レフィル）¥2,200／イプサ

アイブロウマスカラプロセス

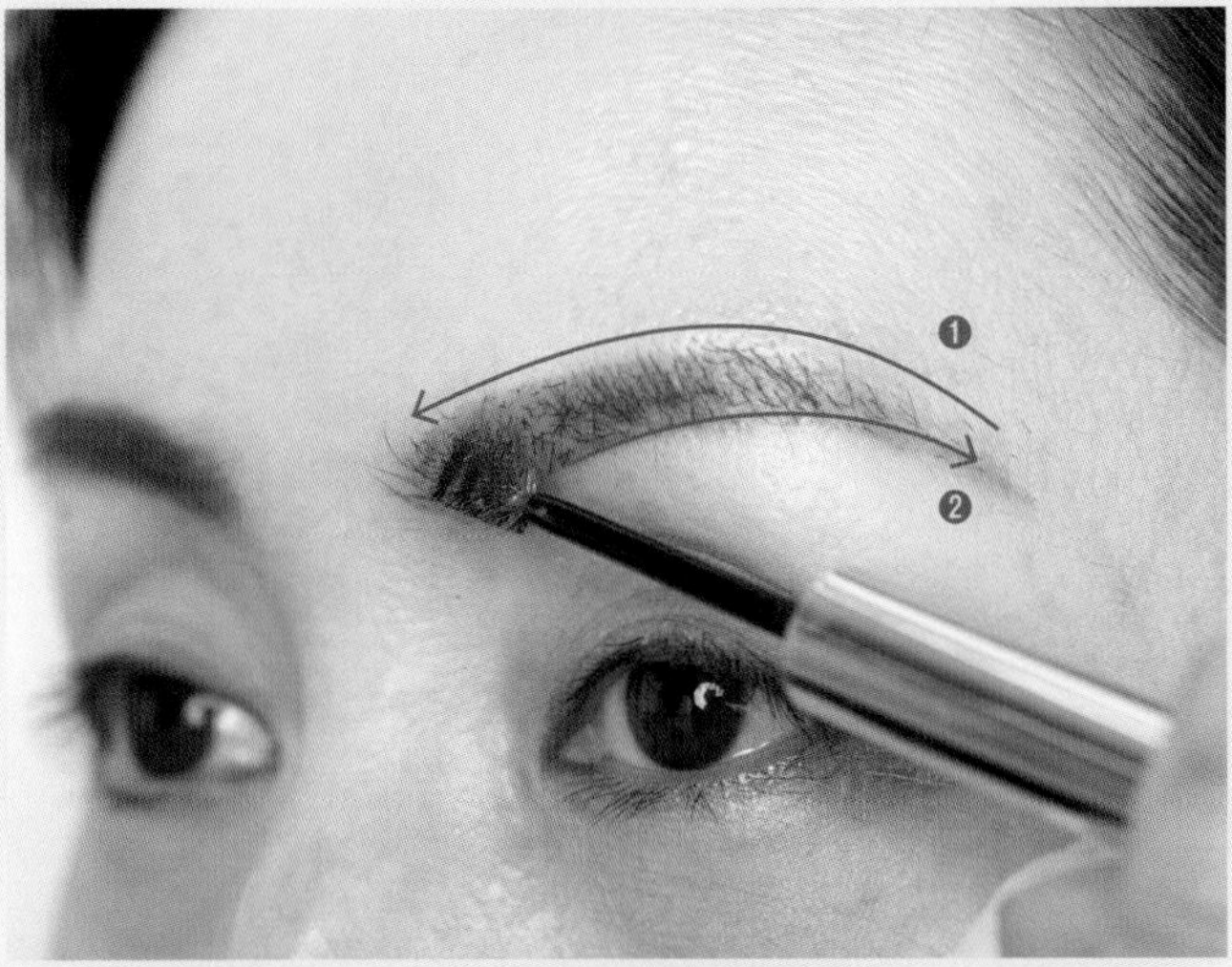

1

まゆ尻から毛流れに逆らって塗ったあと、毛流れを整えるように塗る。地肌にはつけず、毛だけにつくように。

2

スクリューブラシでまゆ頭の毛を下から上へ向かって梳かす。毛を立ち上げてイキイキと。

【お悩み別】

丸顔×アーチまゆが子どもっぽい

まゆ上ラインにシャープな線をつくりナチュラルカラーに

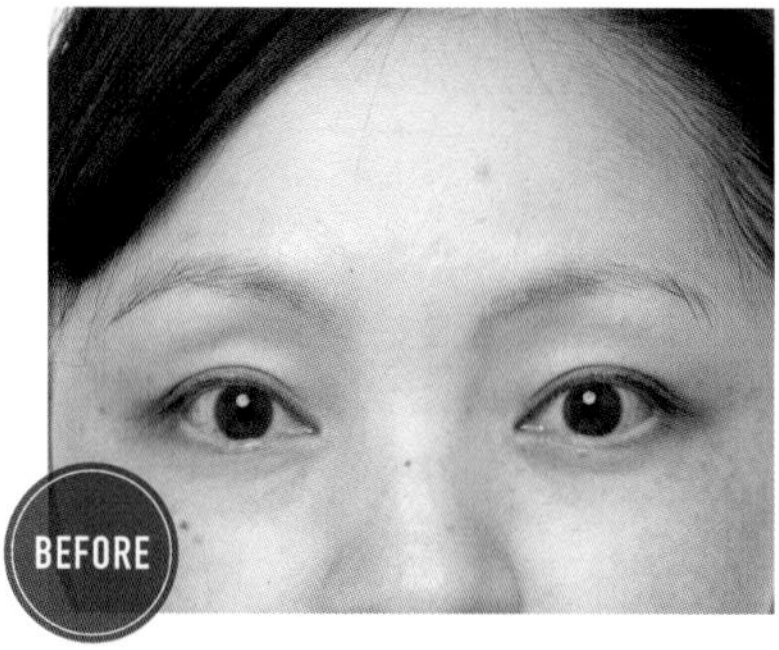

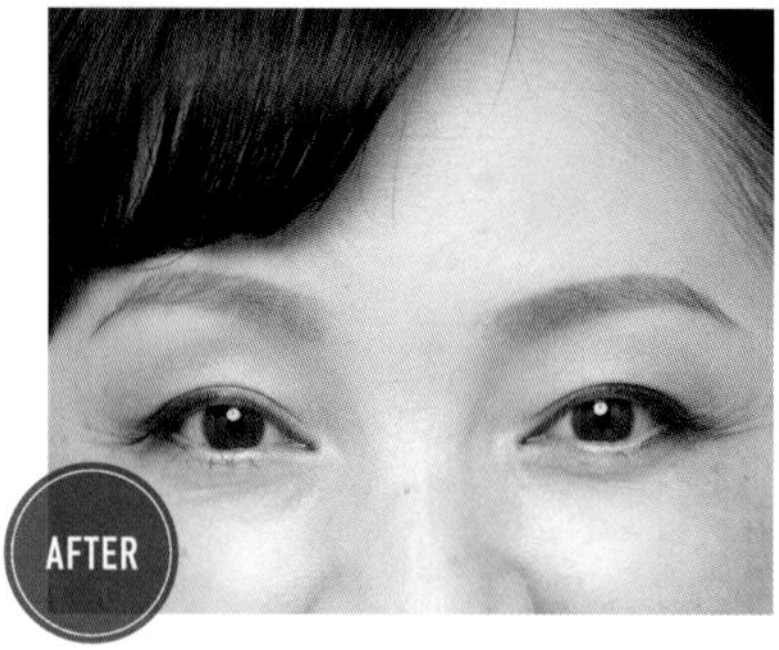

まゆに明るさと温かみをプラスするカラー。

アイブロウマスカラ
02 PKBE（レフィル）
¥2,200／イプサ

まゆ毛１本１本を自然に描き足せる極細芯。

アイブロウペンシル
02 BR（レフィル）
¥1,800／イプサ

1

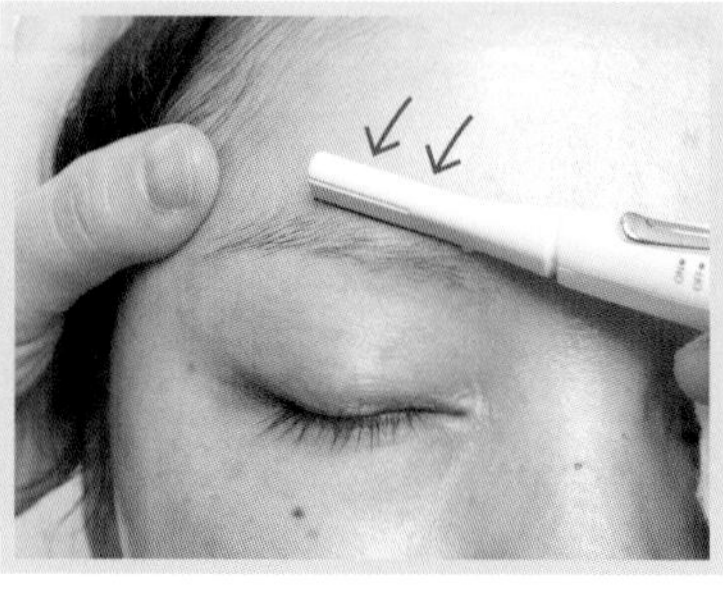

シェーバーをまゆに向かって下ろすようにスライドさせ、まゆの上ラインでとめる。

2

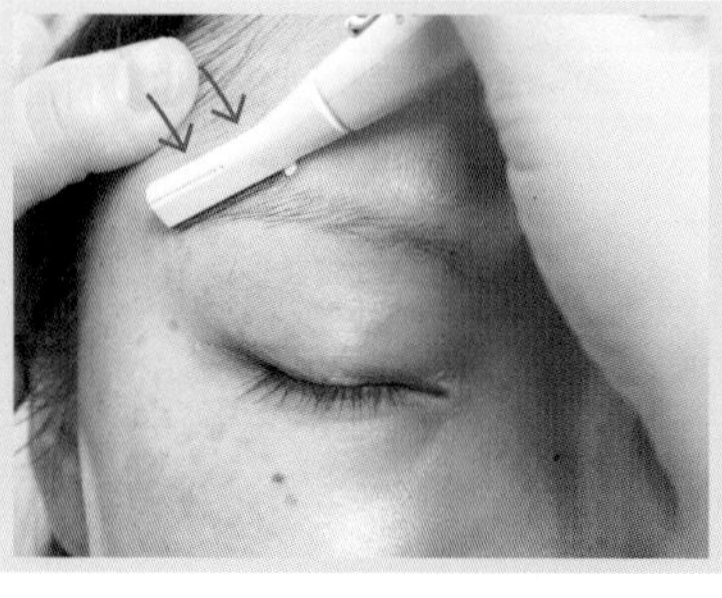

まゆ山からまゆ尻も同様に。刃の直線を利用することで、まゆの輪郭がシャープに。

曲線的なまゆは丸顔さんに似合いますが、アーチ状すぎると子どもっぽくなったりコミカルになったりします。まゆの上ラインを直線的にカットすることで印象を引き締め、大人の知的さやカッコよさを演出しましょう。まゆ山がとがって三角まゆになると、きつさや男っぽさを感じさせてしまうため、まゆ山は丸みを残すことがポイント。ブラウンのペンシルで隙間を埋め、ピンクベージュのまゆマスカラで瞳よりも少し明るいトーンに。女性らしさの中にカッコよさもあるまゆが完成。

【お悩み別】

短めまゆを優しい印象にしたい

横長ライン＆赤みのあるブラウンに

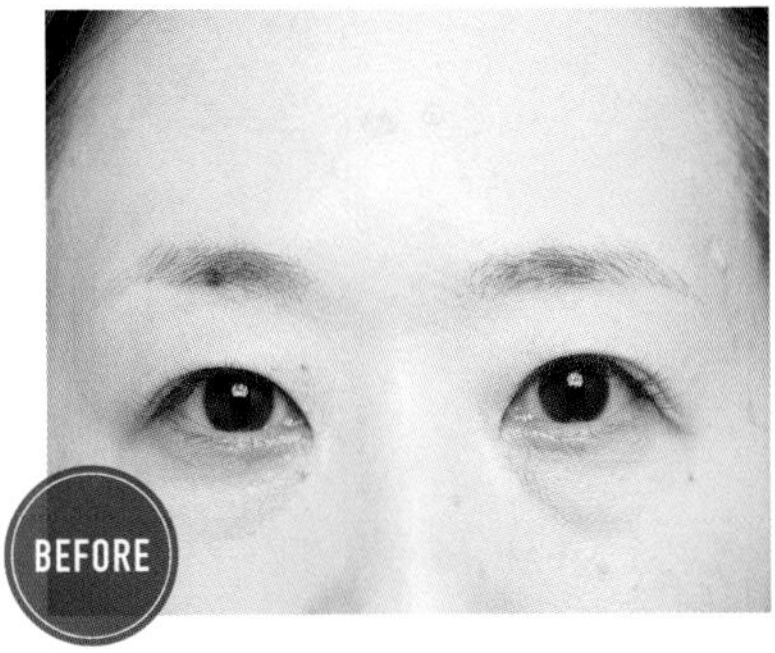

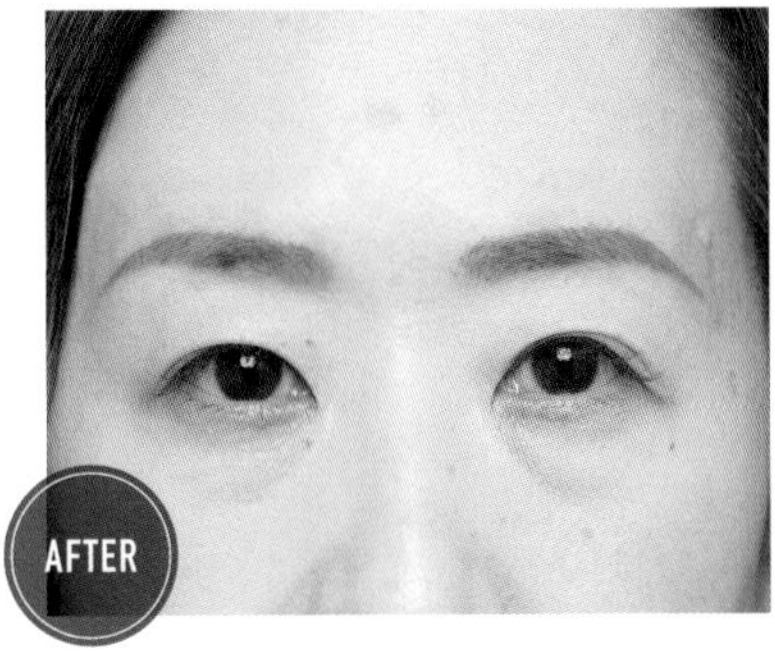

毛を固めず柔らかい質感を残しキレイに発色。

デジャヴュ アイブロウカラー ウォームブラウン ￥800／イミュ

植毛するようにまゆ毛を描ける極細ペンシル。

アイブロウペンシル 02 BR（レフィル） ￥1,800／イプサ

1

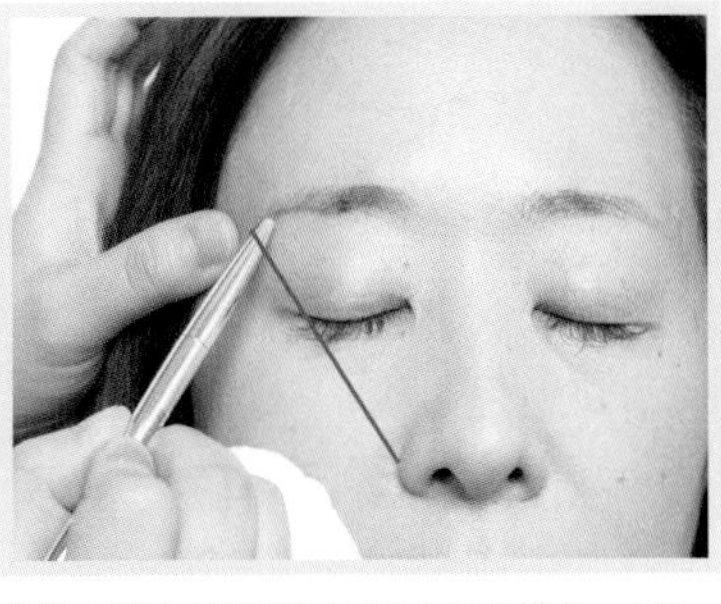

小鼻と目尻の延長線上にまゆ尻を描く。まゆを長めに仕上げることで余白埋め効果を発揮。

2

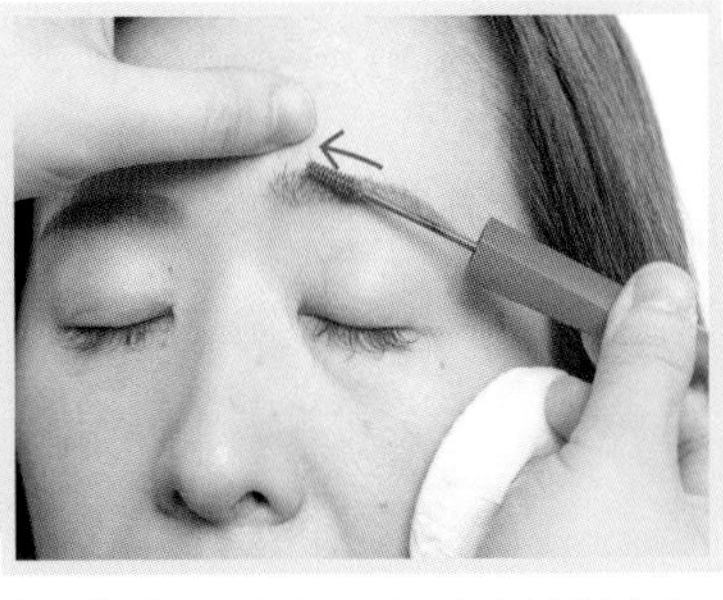

赤みブラウンのまゆマスカラをまゆ尻からまゆ頭へ向かって塗ってから、毛流れを整える。

短めまゆは顔に余白をつくってしまうので、まゆ尻を少し長めに描きます。長めのまゆは、誠実で穏やかな印象を与える効果も。左右のまゆを揃えるには、まゆをしっかり観察することが大事。見る：描く＝8：2くらいの気持ちで、少しずつ調整しながら仕上げましょう。また、ひじをテーブルなどに固定して描くと、ペンシルがブレにくいですよ。まゆマスカラは赤みの入ったブラウンを選ぶと、まゆに温もり感が出てとても優しい表情になります。

大人アイメイク

目の存在感や目力が年々弱まってくるので
そこを補完するメイクが必要になります。
わざとらしさのないぱっちり目を目指して！

BEFORE

ベースメイクが終わったところ

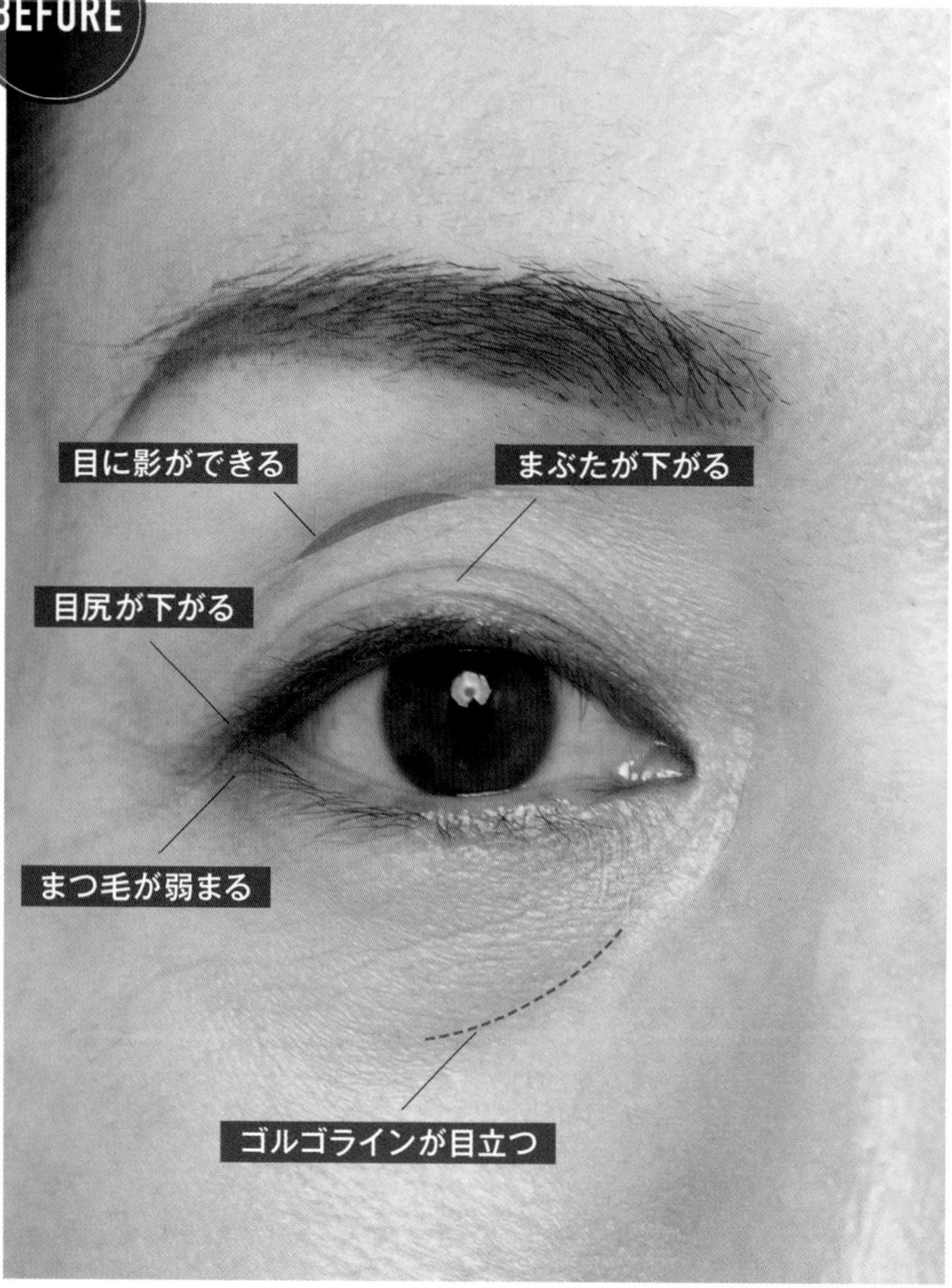

“年齢とともに変化し
全体の印象を激変させる重要パーツ”

目まわりの変化を大きく分けると、「下がる」「くぼむ」「弱まる」の３つ。
肌の弾力が減るとまぶたが下がってたるみ、水分量が減るとしぼんでくぼみます。
そしてたるみやくぼみには影ができます。また、まつ毛が弱く少なくなると、
目力もダウン。その結果、疲れ、やつれ、老けといった印象を与えてしまいます。

錯覚メイクが完成

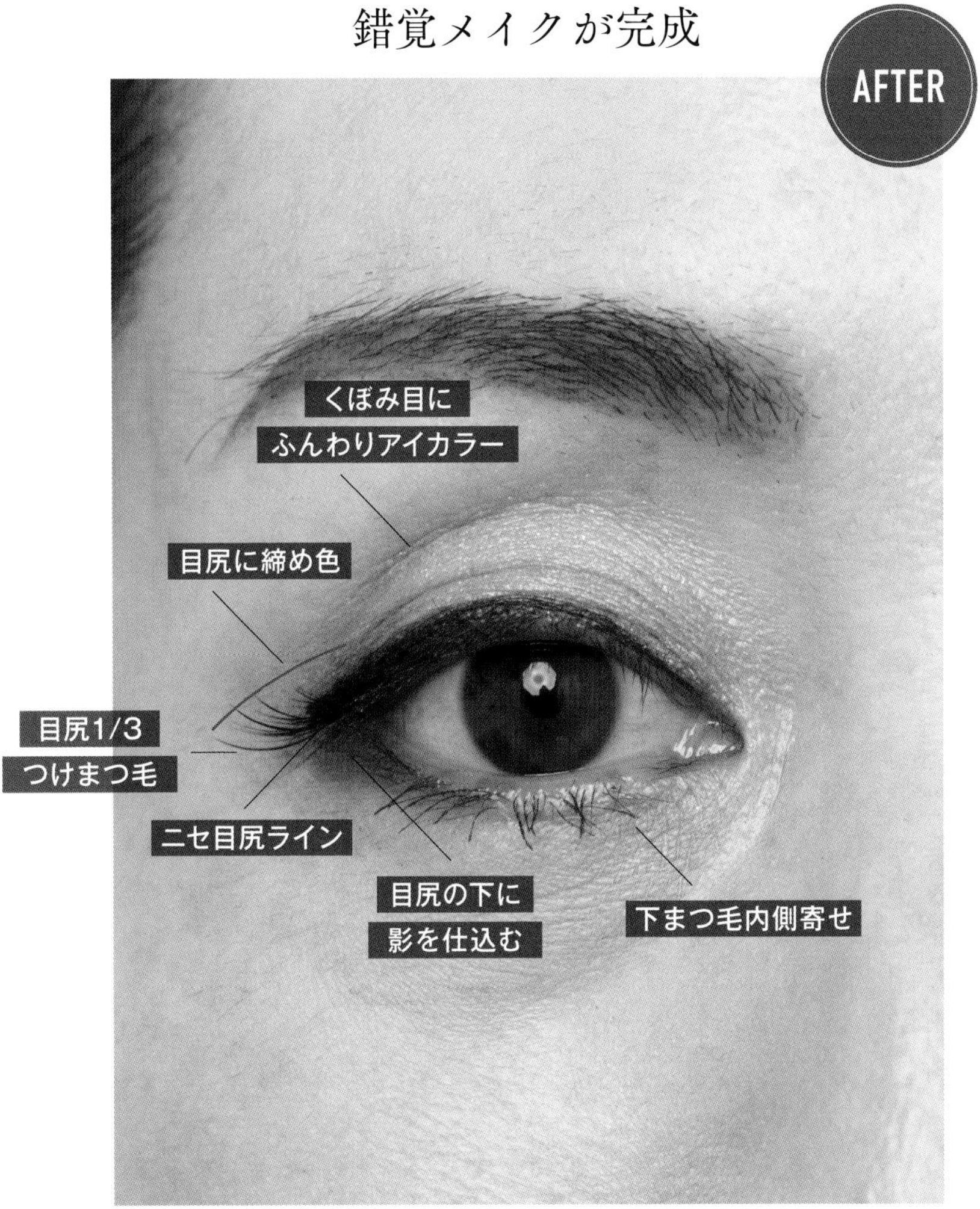

“ふんわり潤いがある肌と元気なまつ毛に錯覚補正”

目まわりの肌に光や艶を与えて、ふんわり潤っているように見せると印象がかなり変化。たるみは目立たなくなり、くぼみは陰影として生かされ大人ならではの魅力を放ちます。目尻つけまつ毛や下まつ毛マスカラでまつ毛がふさふさ元気に見えると弱まった目力が復活。アイライン＆ニセ目尻ラインは目の印象を強めてくれます。

大人アイメイク

1

eye color

アイカラー

大人のくぼみ目は肌なじみカラーでふんわり見せる

まぶたのくぼみに悩む方が多いのですが、あまり気にしなくて大丈夫。お疲れ感だけ取り去れば、彫り深く魅力的な目元になります。

大人のまぶたは乾燥しているので、潤いがあり肌なじみのよい色のクリームアイカラーを最初に仕込みます。艶が出てまぶたがふっくら持ち上がり、元気に見えますよ。もうひとつ大切なのがグラデーションです。黒目の真上の縦グラデは20代まで。それ以降は目尻が濃いめの横グラデにシフトします。比重を外にすることで、こめかみをふっくら見せて、面長を丸や卵型に戻すことができます。

これを使用

濡れたような艶と輝きのあるカラー。ふんわりタッチで軽やかに伸び、溶け込むように密着。

アイグロウ ジェム BE386、BR382 各¥2,700／コスメデコルテ

アイシャドウプロセス

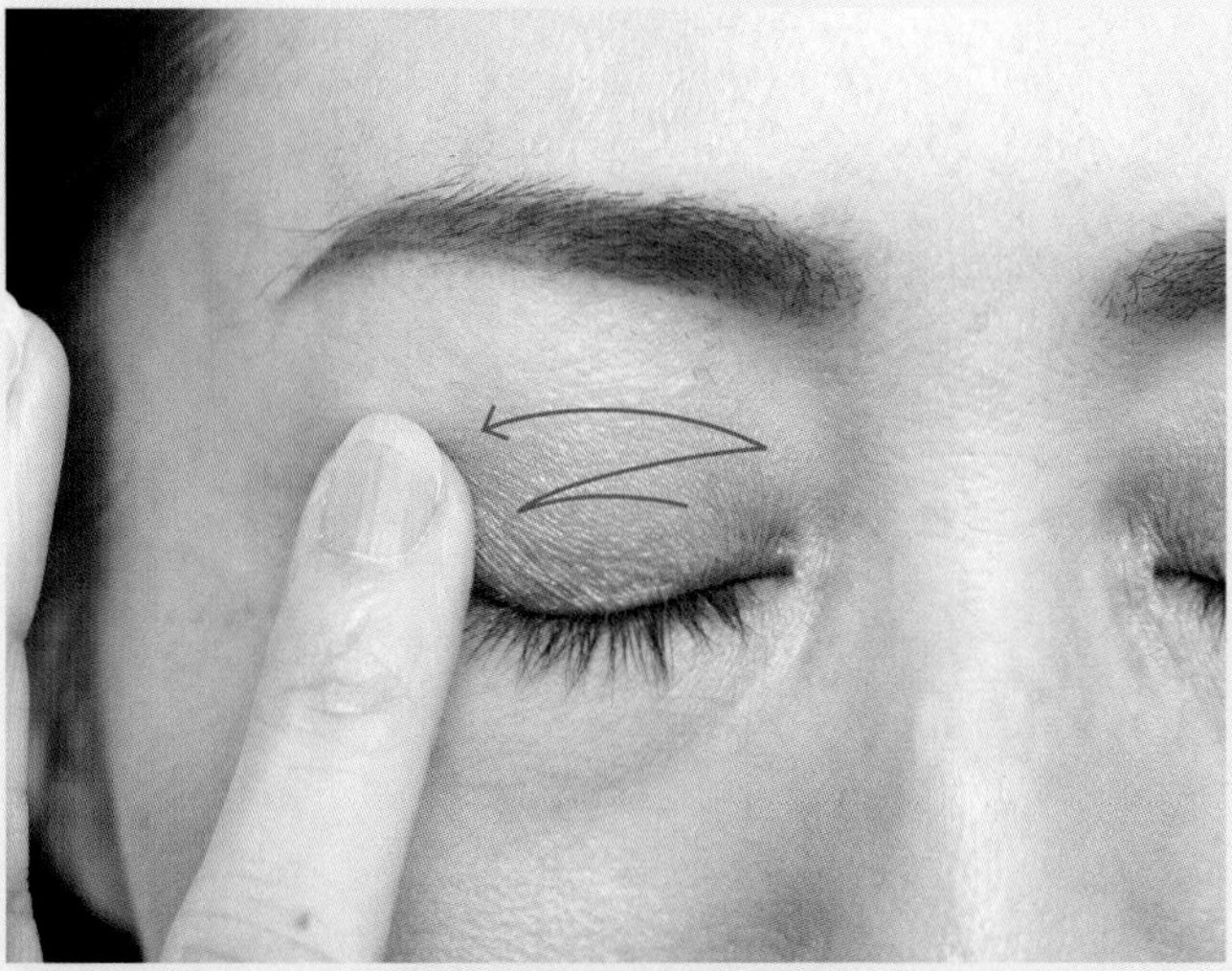

1

ウォームベージュを指にとり、アイホールにワイパー塗り。色と肌の境界は何もついていない指でぼかす。

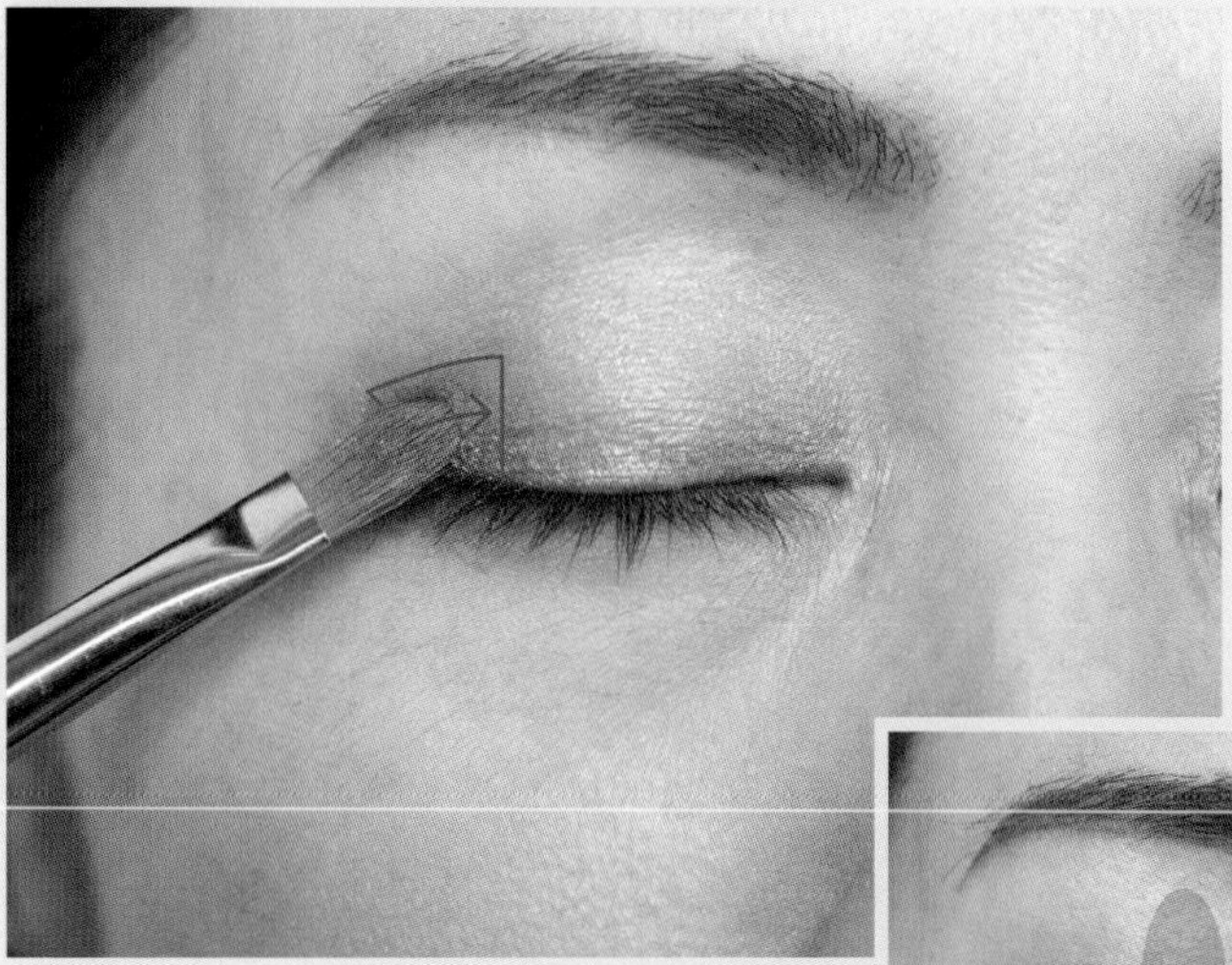

2

濃いめのブラウンをブラシにとり、目尻から中央に向かって塗る。目尻1/3に色がのるように。

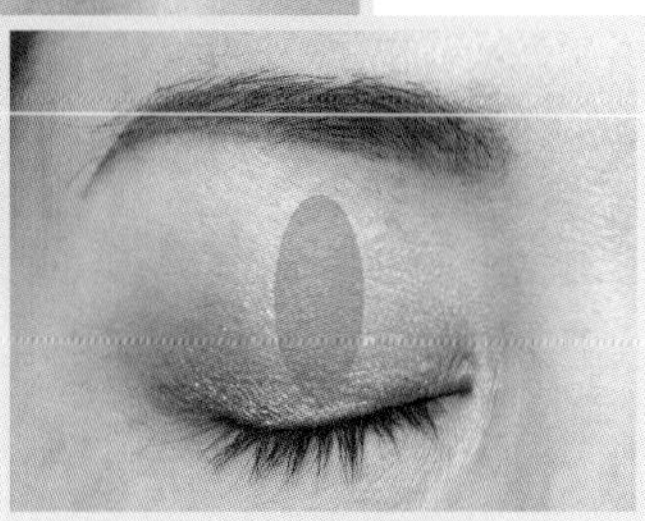

瞳の上の縦グラデは面長を強調するのでNG。

大人アイメイク

2

eye color

アイカラー

下まぶたに締め色を まつ毛の影のように仕込む

目を大きく見せ、顔の余白を埋めるには下まぶたも有効活用しましょう。上まぶたの目尻と同じ締め色を、下まぶたの目尻にも使います。

小さな筆であたかもまつ毛の影かのようにのせると、目元に自然な奥行きが生まれます。影の範囲は黒目の端までにとどめて、目元の強調と柔らかさを両立。黒目の下や目頭まで入れると、わざとらしさが出てしまいます。本来の目のラインよりも横方向に広がり、ぱっちり目効果と同時に可愛らしさもプラス。

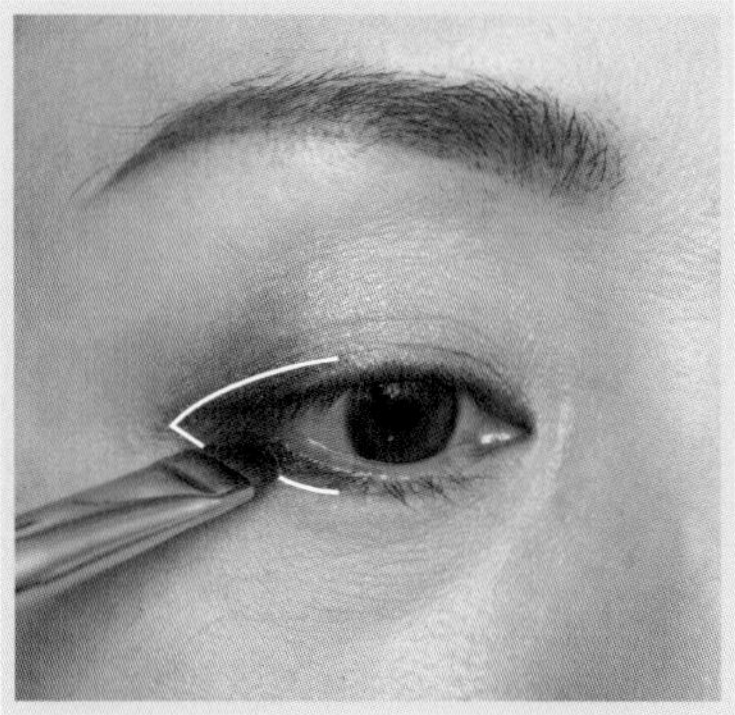

上まぶたと同じ締めブラウンを目尻1/3に入れて、横に倒したVラインのような影をつくる。

これを使用

濡れたような艶と輝きのあるカラー。ふんわりタッチで軽やかに伸び、溶け込むように密着。

アイグロウ ジェム BR382 ¥2,700／コスメデコルテ

大人アイメイク

3

mascara

マスカラ

目の下まつ毛内側寄せで 目のうるみを演出

とかく大人は下まつ毛をないがしろにしがち。でも、こんなに面積の小さな部分に、若々しく&可愛くなれる大きな力が秘められています。

コシと艶があり、密集しているまつ毛は、若さの象徴。下まつ毛にマスカラを塗ることで、その状態に近づけて。深みのあるパープルやネイビーを使うと、瞳や白目がキレイに見えます。特に目頭側の下まつ毛にしっかり塗り、顔の内側（鼻側）へ広げるように寄せましょう。余白埋め効果でさらに若々しく。

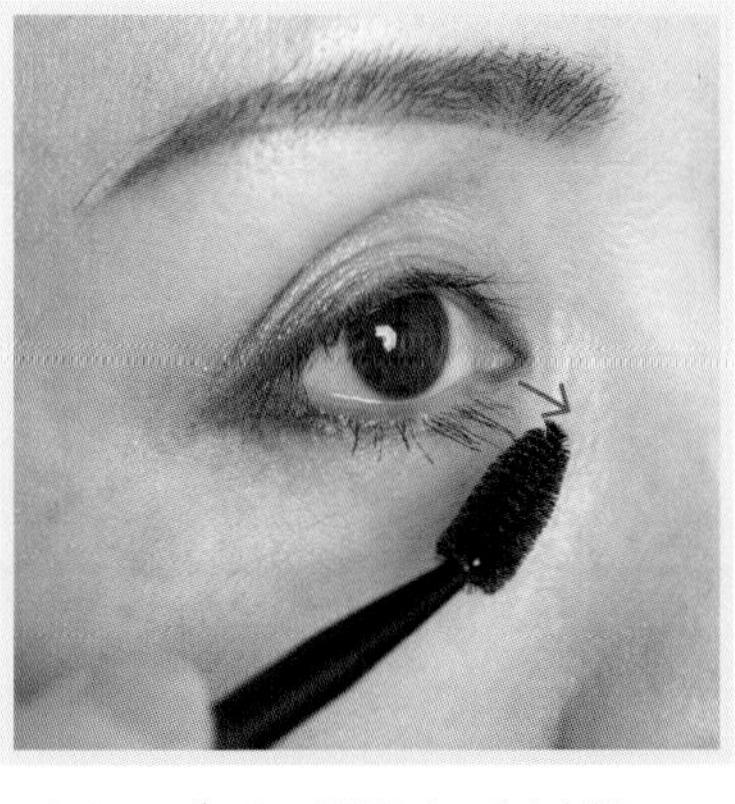

スクリューブラシで目頭のまつ毛を内側に。

これを使用

高発色で汗や涙に強く、つけたての美しさが長続き。瞳を輝かせるディープラベンダー。

エレガンス クルーズ カラーフラッシュ マスカラ LV01
¥2,800／エレガンス コスメティックス

4

eyeliner

アイライナー

ニセ目尻ラインを仕込むと自然に目力アップ

リキッドアイライナーの使い方は、全体に引く、目尻だけ、目尻をはね上げる、目尻を下げる、などさまざま。大人は目力が弱まってくるので、目頭から目尻まで全体に引くと目元がくっきり際立ちます。色はブラウンにして、目力と優しさを両立させましょう。

さらに、自分の目尻よりも少し長めの〝ニセ目尻ライン〟を描くと、目がぱっちり印象的に。スタンプ押しテクニックを使うと簡単です。筆を寝かせて、筆先が目尻より少しはみ出すようにペタンと押しつければ、線がブレずに自然なニセ目尻のできあがり。

これもおすすめ!

4種の毛をブレンドしたコシのある筆と八角形フォルムで描きやすい。美ラインが持続。

UZU アイオープニングライナー ブラウン ¥1,500／ウズ バイ フローフシ

これを使用

液含みがよくコシのある筆で、かすれ知らずの描きやすさ。目元にうれしい美容成分配合。

ラブ・ライナー リキッドアイライナーR3 ブラウン ¥1,600／msh

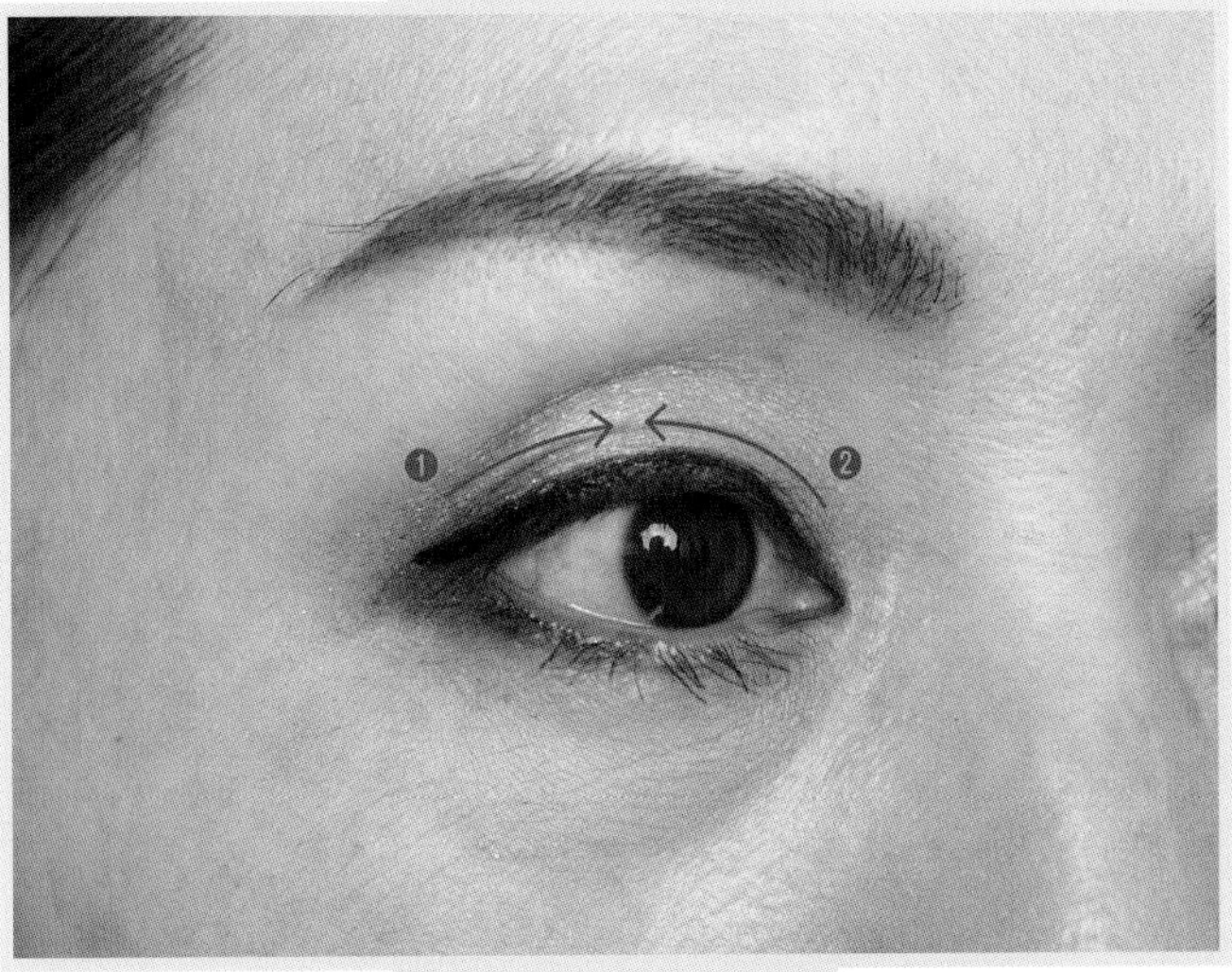

目尻から中央へ。目頭から中央の順にまつ毛の隙間を埋めるようにラインを描く。

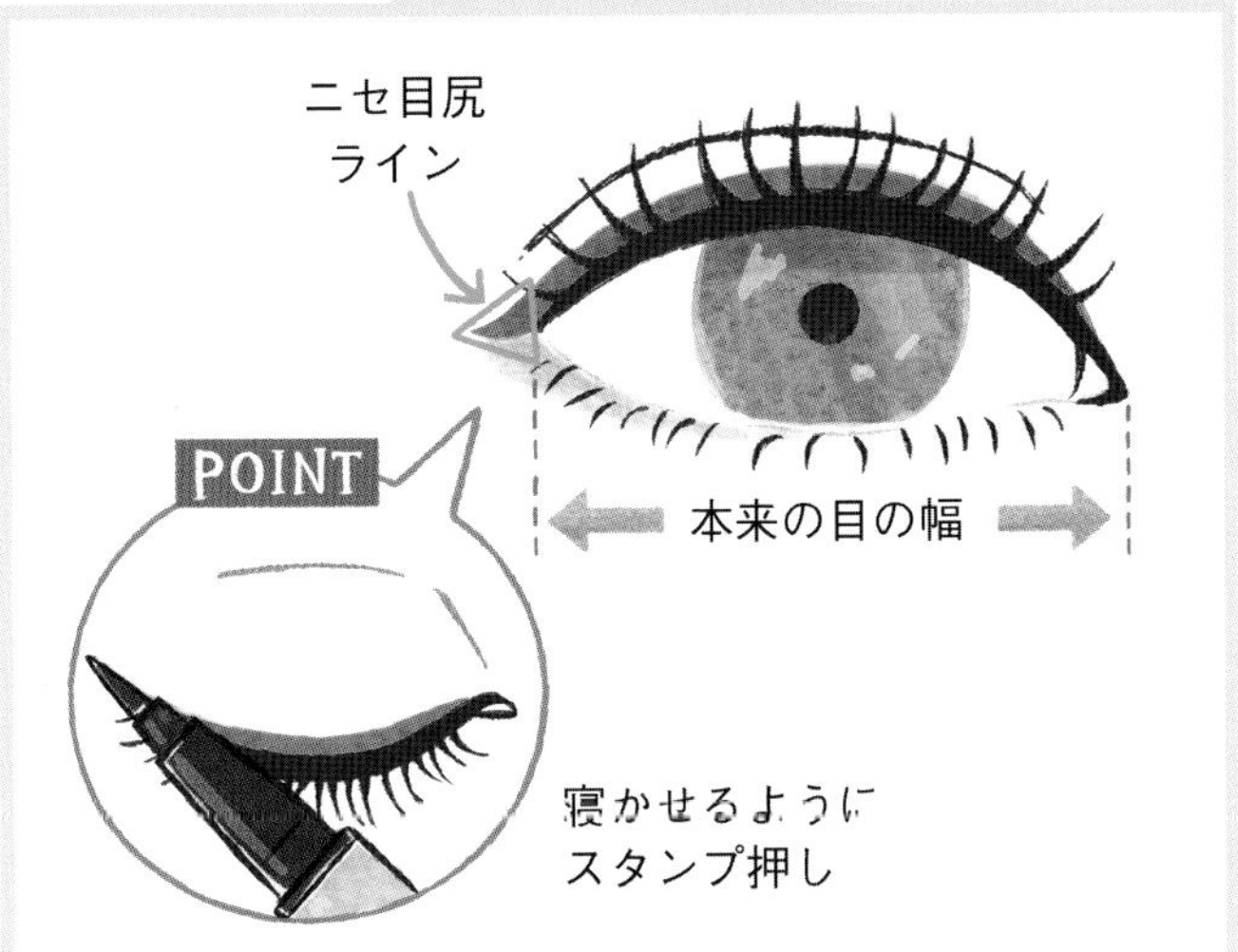

ニセ目尻ラインと本来の目尻の間にできる三角ゾーンをきちんと埋めると、目に奥行きが出て立体感がアップ。

5

eyelashes

つけまつ毛

目尻1/3のつけまつ毛で品のある華やか目に

まつ毛の量やハリ、コシがダウンした大人こそ、つけまつ毛を味方につけてほしいですね。今や、100円ショップでも多彩なつけまつ毛が手に入る時代。気軽に挑戦しやすくなりました。

ポイントは、目尻3分の1だけにつけて横へ比重を持っていくこと。そして、人のまつ毛は多方向に生えているので、派手すぎないクロスタイプがなじみます。不器用だからと躊躇するかもしれませんが、こればかりは練習あるのみ！　自分の手に覚えさせることができたら、忙しい朝でも即、品のある華やか目をつくれます。

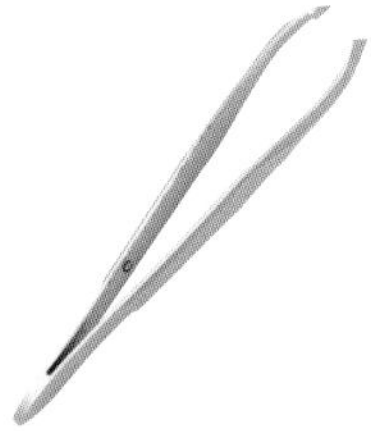

先端の刻み加工により毛を１本ずつ正確にキャッチ。力を入れずに抜くことができる。

アイブローニッパーズ N 211 ¥1,300／資生堂

これを使用

引っ張っても、涙や汗に濡れても強いつけまつ毛のり。つけまつ毛の芯に塗りやすい細筆タイプ。

ディーアップ アイラッシュ フィクサーEX 552 5ml ¥900／ディー・アップ

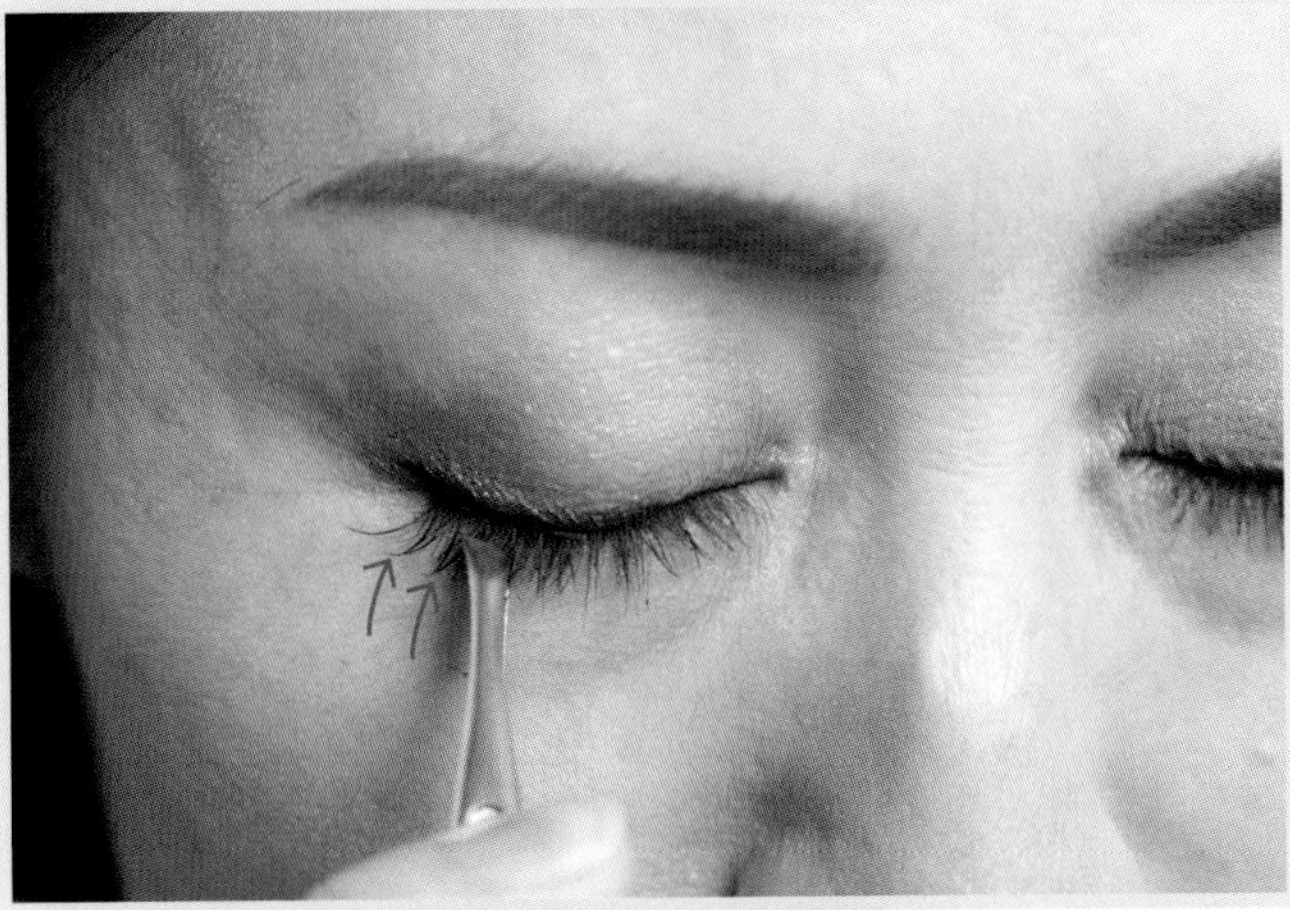

毛抜きでつけまつ毛を挟んでのりをつけ、目尻側のキワに装着。くっくっと下からまぶたに押し込むように。

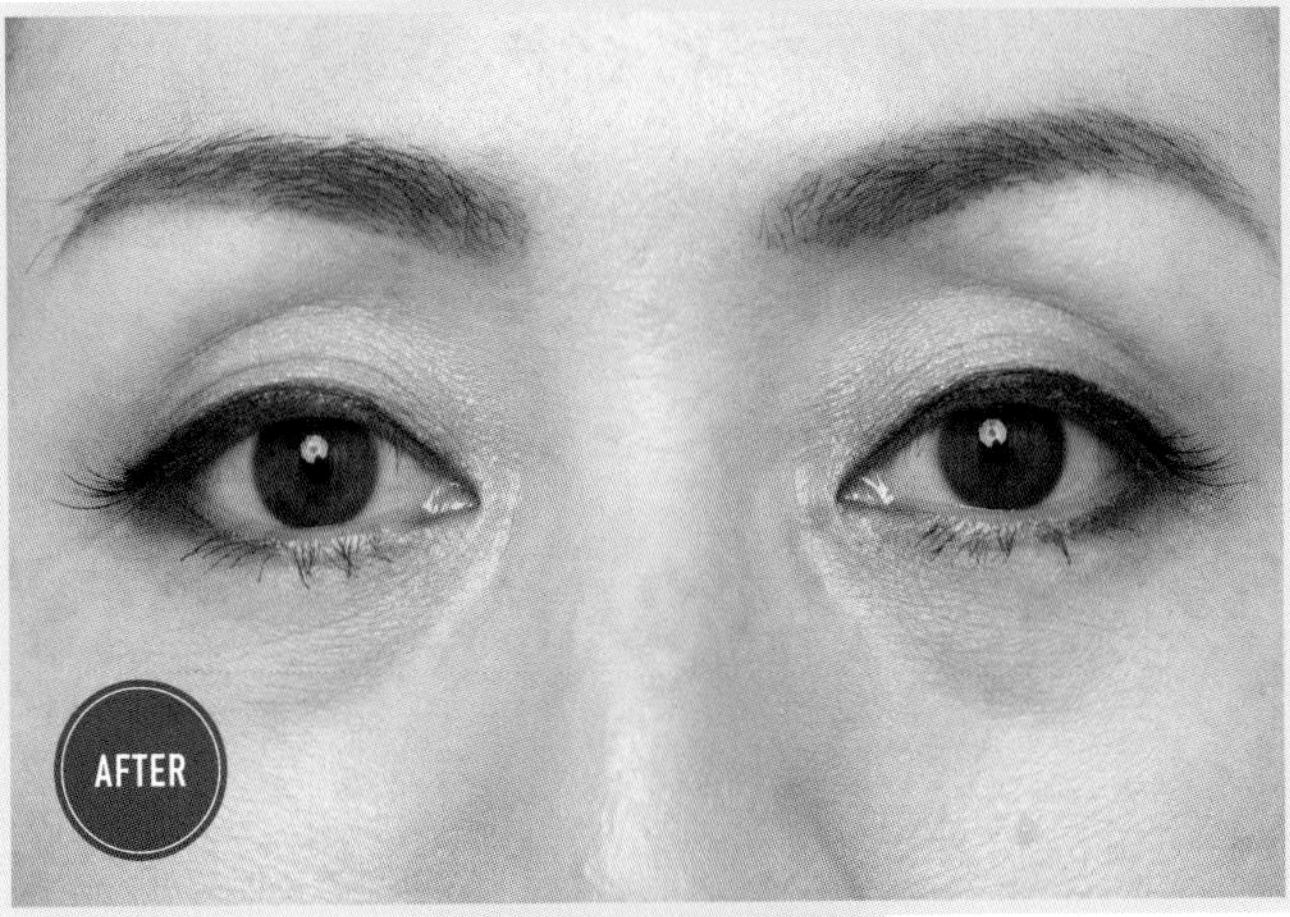

自まつ毛とナチュラルになじみながらも、目尻側のまつ毛が横へ伸びて目幅が広がって見える。

クロスタイプのつけまつ毛。必要な幅にカットして、芯を柔らかくほぐしてからつける。

【お悩み別】

重いまぶたをすっきりと、
目を大きく見せたい

インライン＆締め色で
抜け感のあるアイメイク

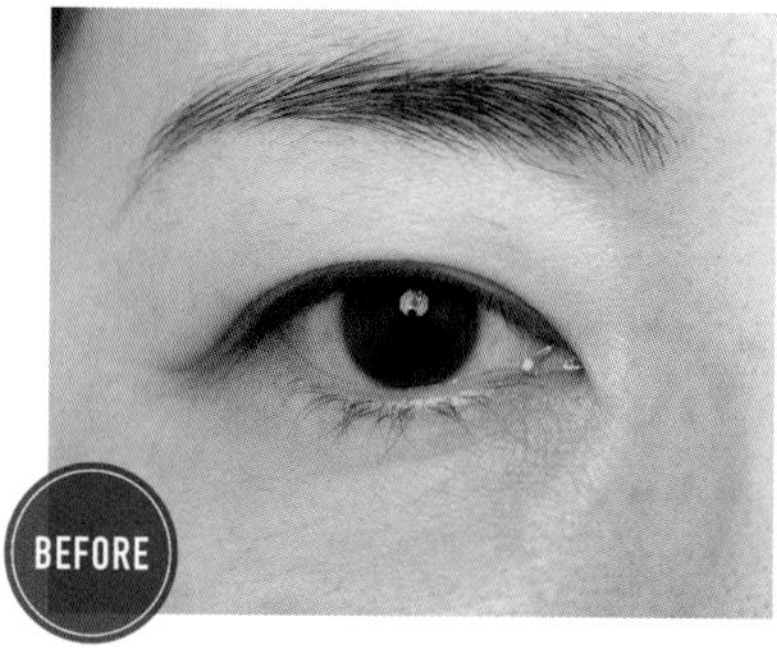

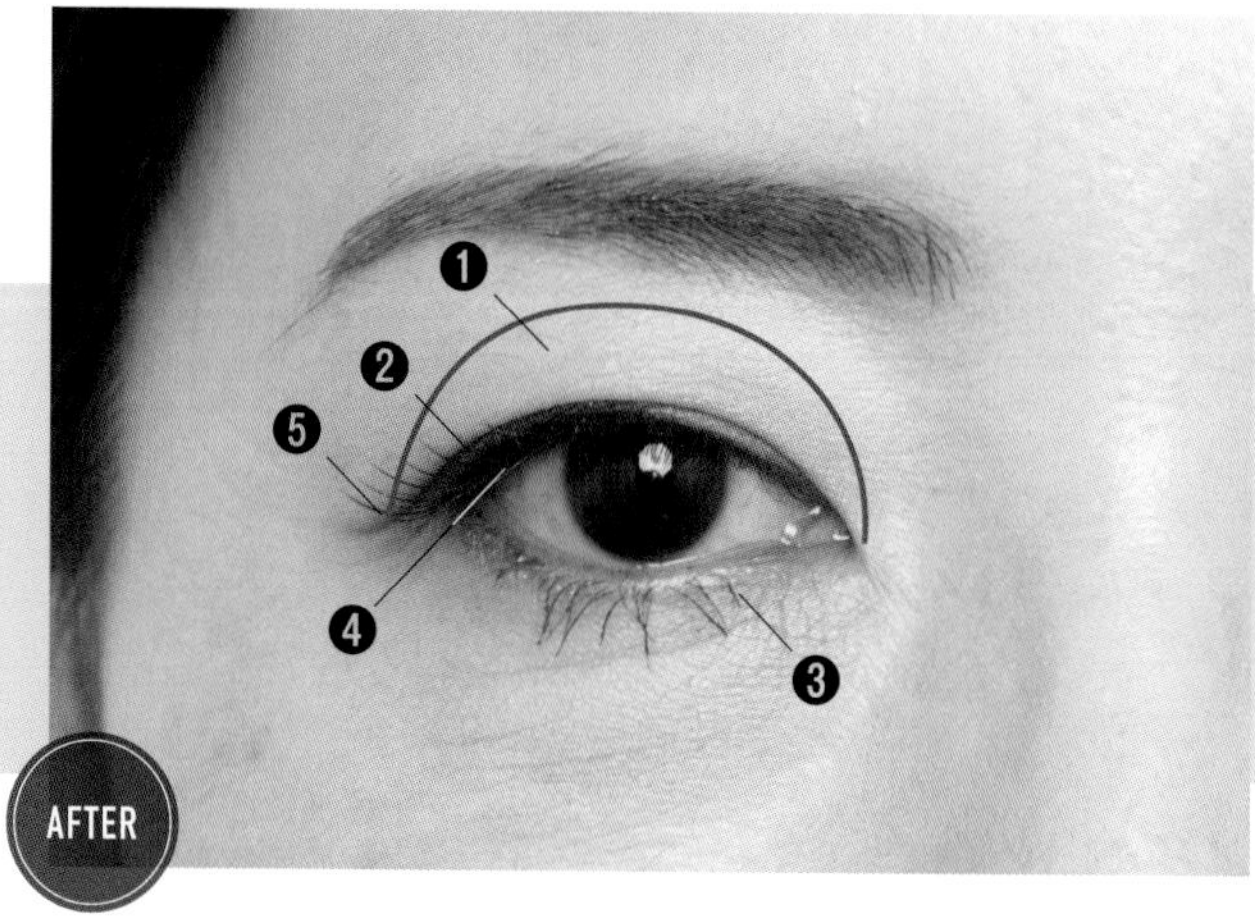

❶ まぶたふんわりベージュカラー

❷ 締め色パウダーでラインがわり

❸ 下まぶた内側寄せマスカラ

❹ 隙間埋めインライン

❺ 目尻つけまつ毛

目を大きく見せたいけれど、目のキワにアイラインを引くのが苦手という人は多いかもしれません。その場合は、まぶたを明るく見せるアイカラーを塗ってから、締め色のブラウンをラインのように使う方法があります。さらに、まつ毛のインラインで目のフレームをこっそり強調する、目尻につけまつ毛をつけて目尻にインパクトを出す、下まつ毛の存在感を強めるといった技を組み合わせれば、目力はかなりアップ。目を大きく見せながらもきつさのない、抜け感アイメイクになります。

これを使用

1

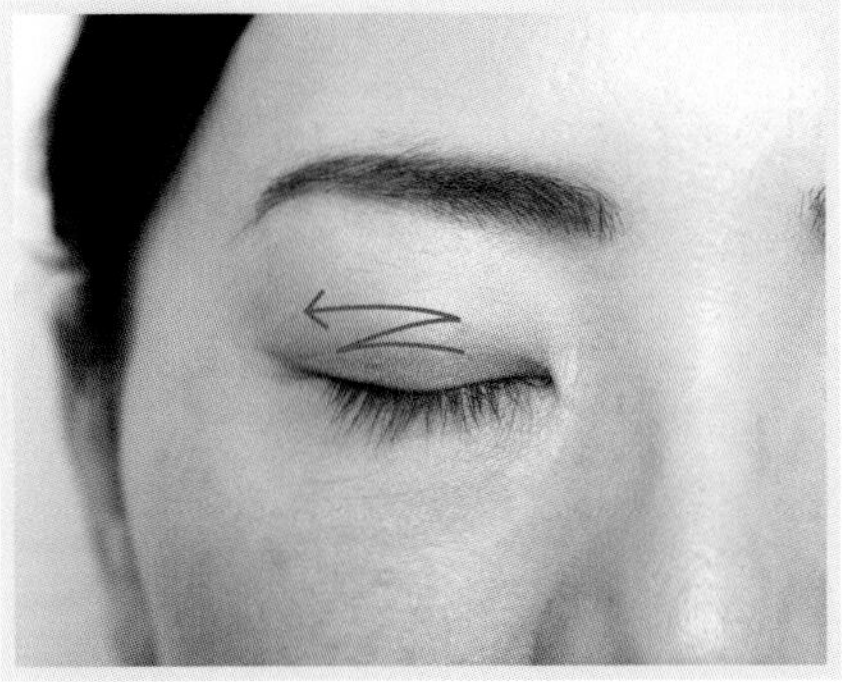

艶のあるピンクベージュのクリームアイカラーを指の先にとり、二重幅にワイパー塗り。

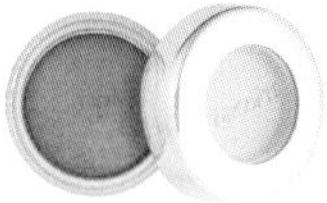

絶妙な発色と透け感で立体感の際立つ仕上がり。

アイグロウ ジェム BE882 ¥2,700／コスメデコルテ

2

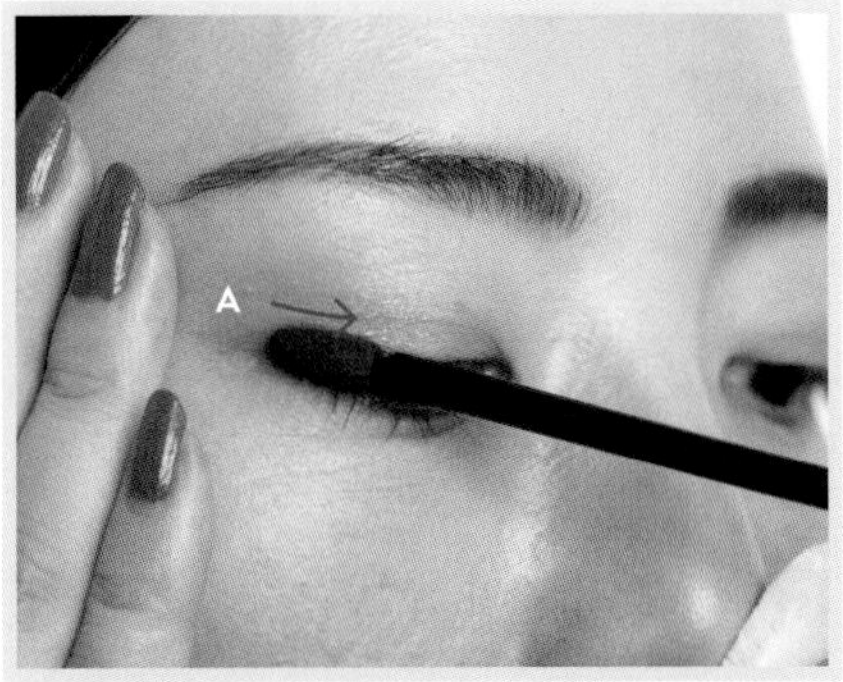

チップで濃いブラウンを、目尻から中央へライン状にのせる。下まぶたの目尻⅓も同様。

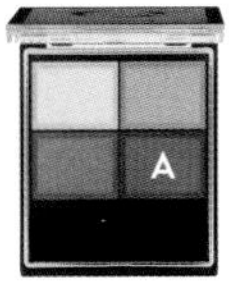

肌なじみのよい色だけを集めた4色パレット。

エクセル スキニーリッチシャドウ SR06 ¥1,500／常盤薬品工業

3

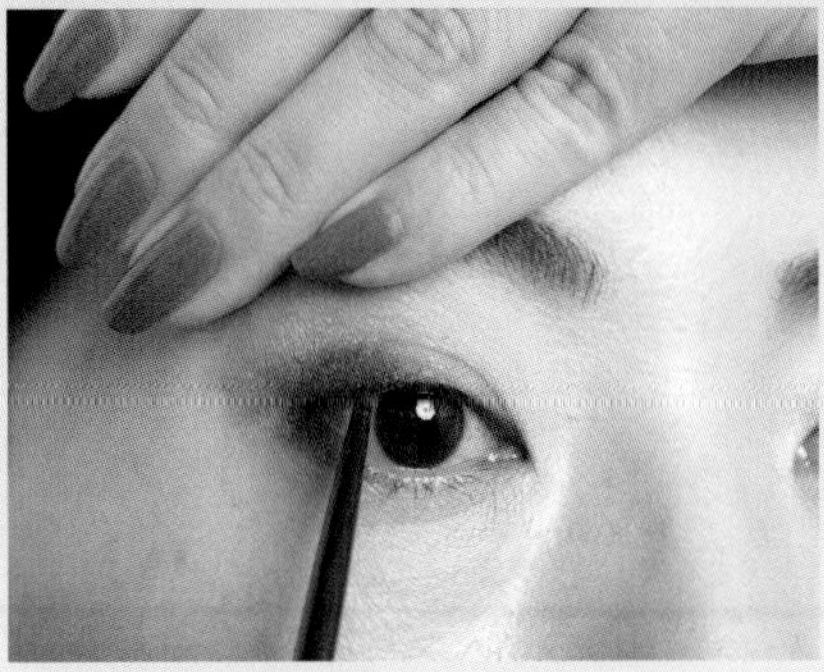

上まぶたを持ち上げて、まつ毛の隙間埋め＆インラインを入れる。下まつ毛はマスカラを。

とろける描き心地。乾くと固まりにじみにくい。

ケイト レアフィットジェルペンシル BR-2 ¥1,100（編集部調べ）／カネボウ化粧品

細部の短い毛もキャッチして繊細に美しく。

UZU モテマスカラ マイクロ ¥1,800／ウズ バイ フローフシ

【お悩み別】

たるんだ目をぱっちりと
大人可愛く見せたい

遊び心ある色を楽しむ目元で
フレッシュキュートな魅力を放つ

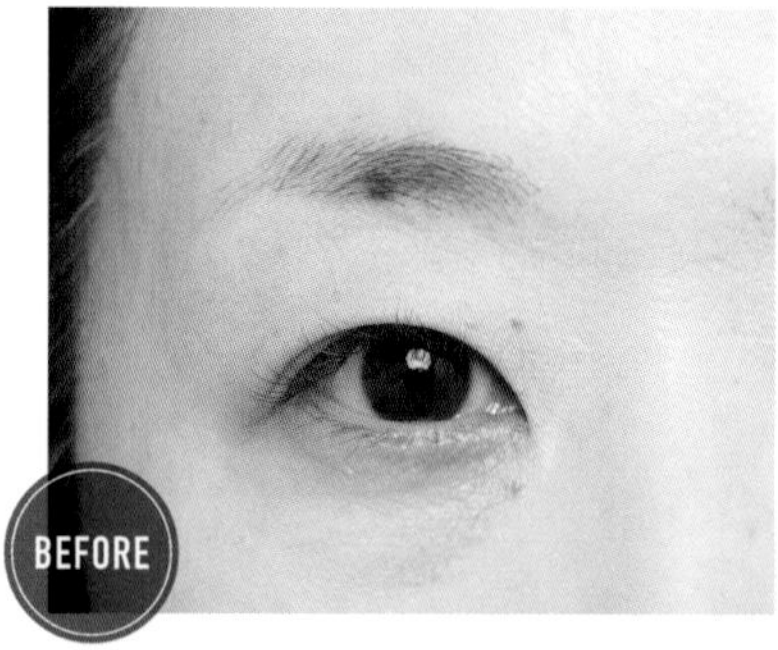

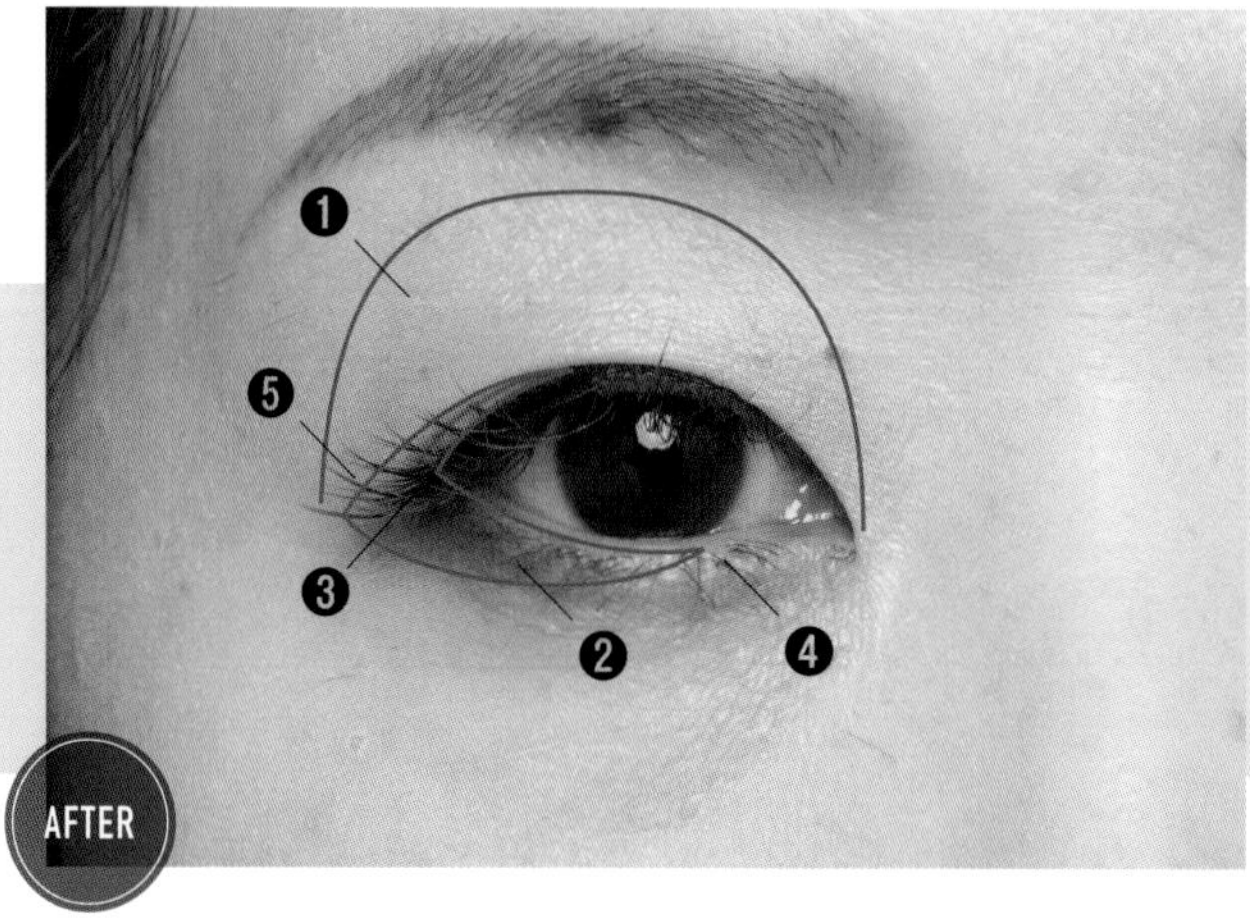

❶ まぶたふんわり
ベージュカラー

❷ 上まぶたオレンジ×
下まぶたパープル

❸ ニセ目尻
ラインで
目を大きく

❹ まぶた内側寄せ
マスカラ

❺ 目尻つけまつ毛

上まぶたにみずみずしいオレンジ、下まぶたにちょっと神秘的なパープルを使って、おしゃれ感のあるアイメイクに。どちらも目尻側のみにのせているので、派手にならずにフレッシュキュートな雰囲気を醸し出せます。気になるたるみは、ニセ目尻ラインとつけまつ毛で横に伸ばしながらリフトアップ。さらに、目頭から目尻まで、まつ毛の根元をつなぐように隙間埋めラインを入れてたるんだ目を引き締めます。下まつ毛のマスカラは、目尻のパープルが映えるようにブラウンを使用。

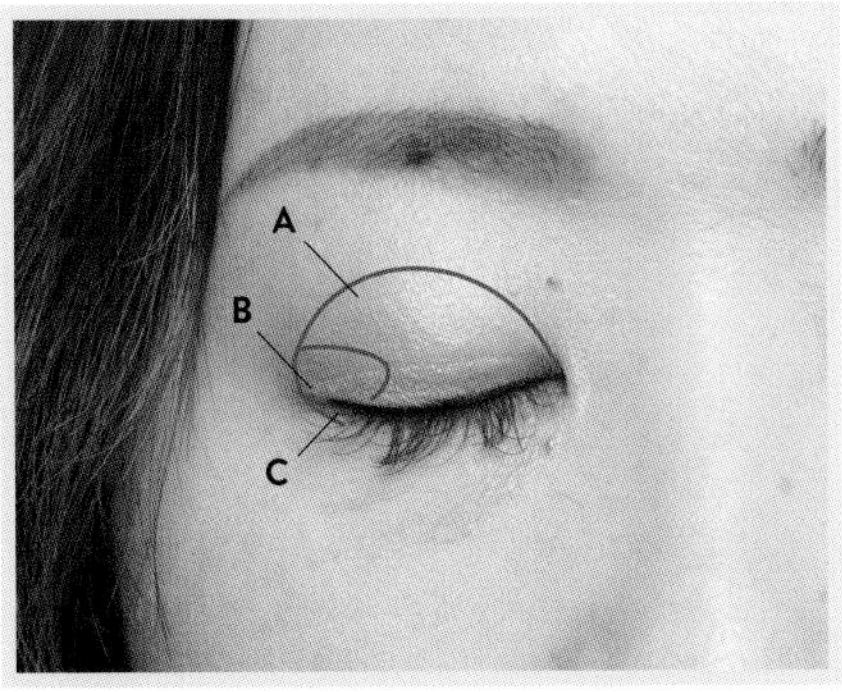

温かみのあるベージュでまぶたをトーンアップし、上目尻にオレンジ、下目尻に紫をオン。

1

これを使用

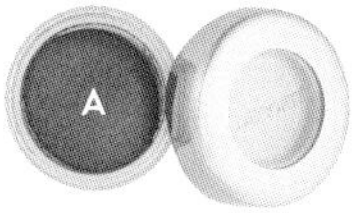

まぶたへのフィット感がよく潤いのある使用感。

アイグロウ ジェム BE386 ¥2,700／コスメデコルテ

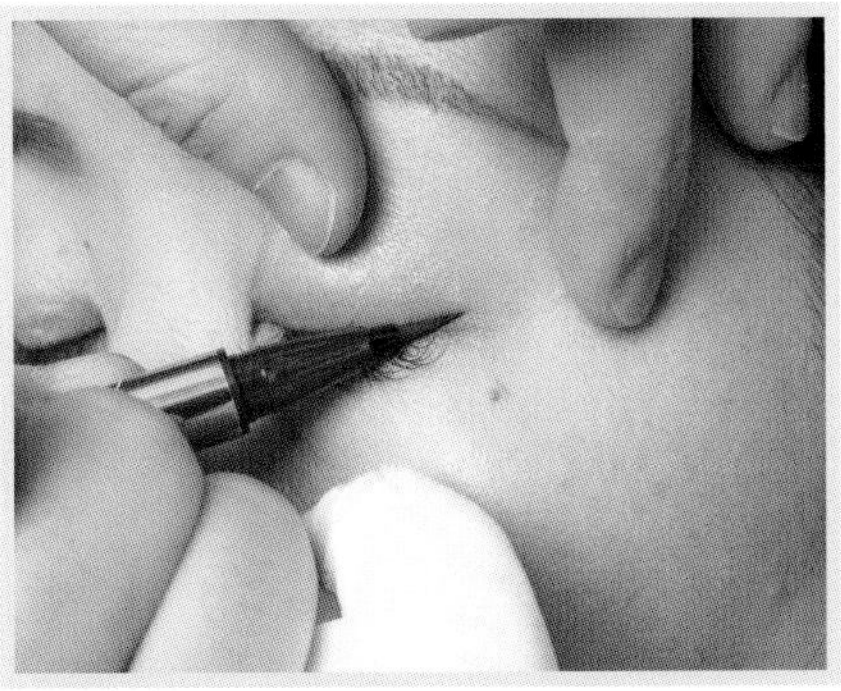

筆を寝かせて、本来の目尻より外に筆先を置いてスタンプを押すように目尻ラインを描く。

2

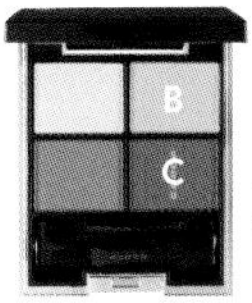

ふわっとマットな発色を重ねて楽しむパレット。

デザイニング カラー アイズ 15 ¥6,800／SUQQU

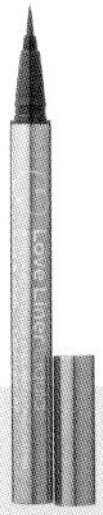

メイク好きな女性からプロまで幅広く愛される。

ラブ・ライナー リキッドアイライナー R3 ブラウン ¥1,600／msh

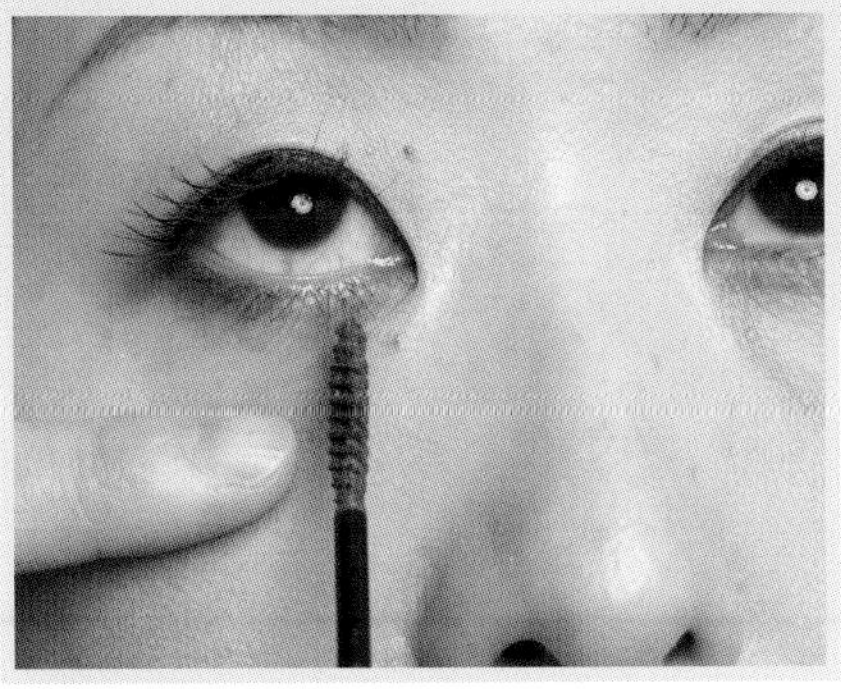

下まつ毛全体にマスカラを塗り、毛の密度をアップ。目頭側は鼻へ寄せるように塗る。

3

スリムなブラシで目のキワや下まつ毛も美しく。

エレガンス クルーズ カラーフラッシュ マスカラ BR01 ¥2,800／エレガンス コスメティックス

【お悩み別】

濃くなりがちなアイメイクを
自然に見せたい

濃淡パープルのグラデアイなら肌になじんで上品に

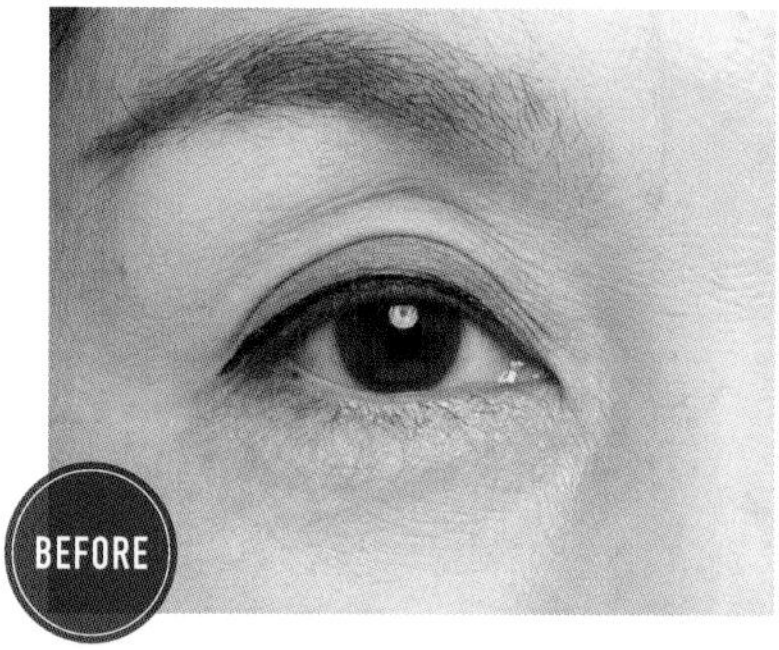

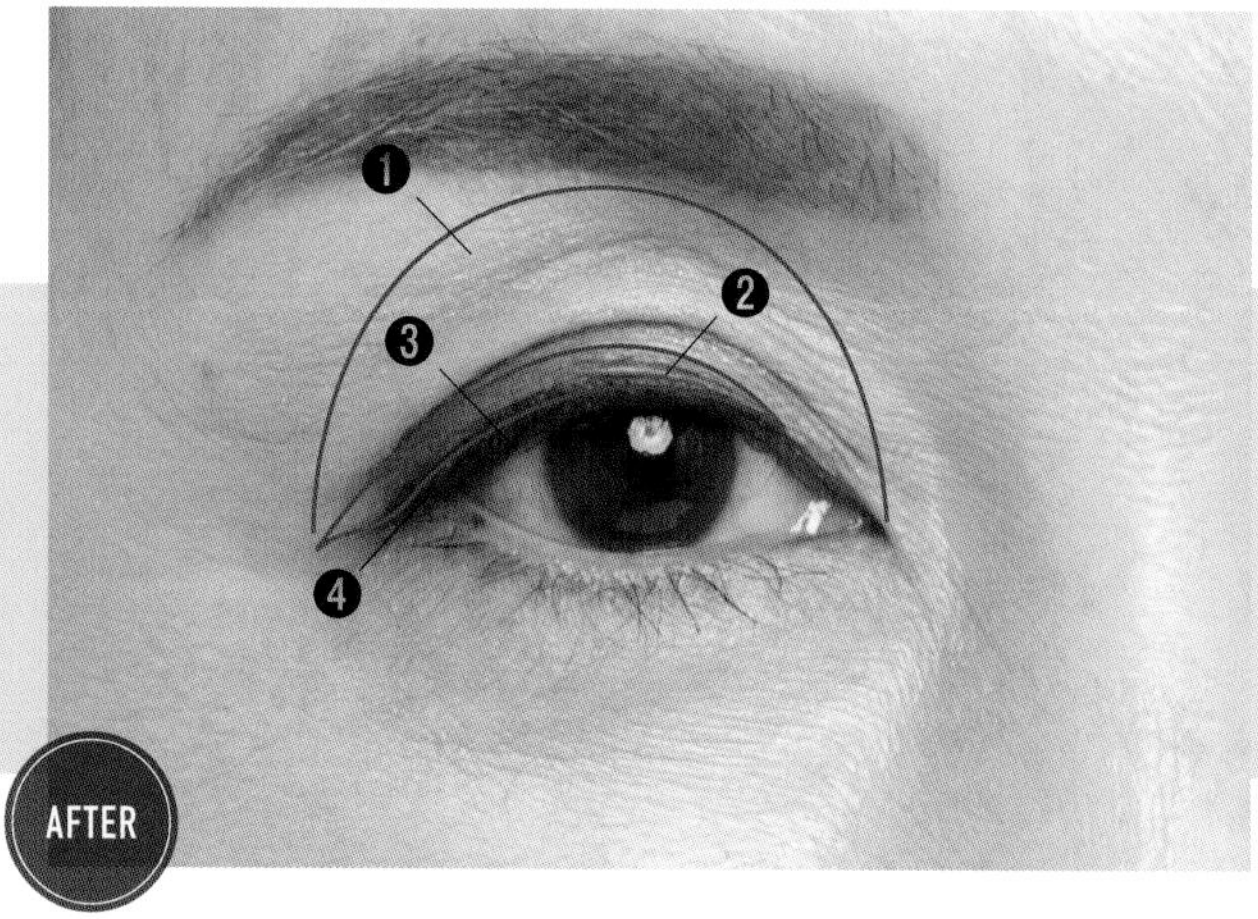

1. まぶたふんわり
モーヴカラー
2. きちんと感が増す
締め色パープル
3. くっきりラインを
隙間埋めラインに
4. 目尻つけまつ毛

ペールトーンの青み系パープルを広い面積で塗ると、まぶたがくすんで見えてしまいます。また、くっきりとした黒のアイラインとパープルのコントラストが強いため、目元がけばい印象に。そこで、パープルでもやや赤みを感じる色にチェンジ。濃淡の２色を使って自然なグラデーションをつくると、上品さがアップします。アイラインは黒のリキッドではなくブラウンのジェルペンシルを使い、まつ毛の隙間埋めラインに。ナチュラルさや優しさをキープしながら目力を出せます。

1

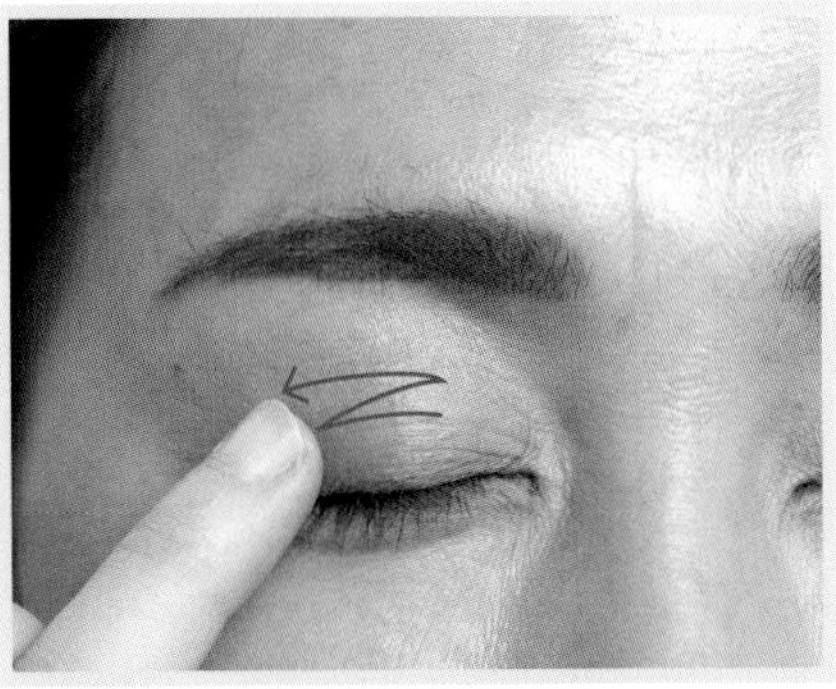

肌なじみがよく艶のあるモーヴ色のクリームアイカラーを、指で二重幅にワイパー塗り。

これを使用

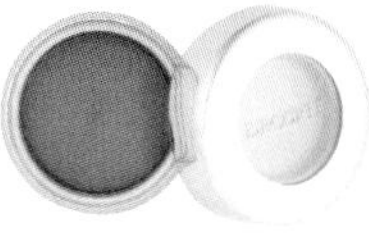

ひと塗りで美しい仕上がりに。ほんのり艶めくカシスモーヴ。

アイグロウ ジェム PK883 ¥2,700／コスメデコルテ

2

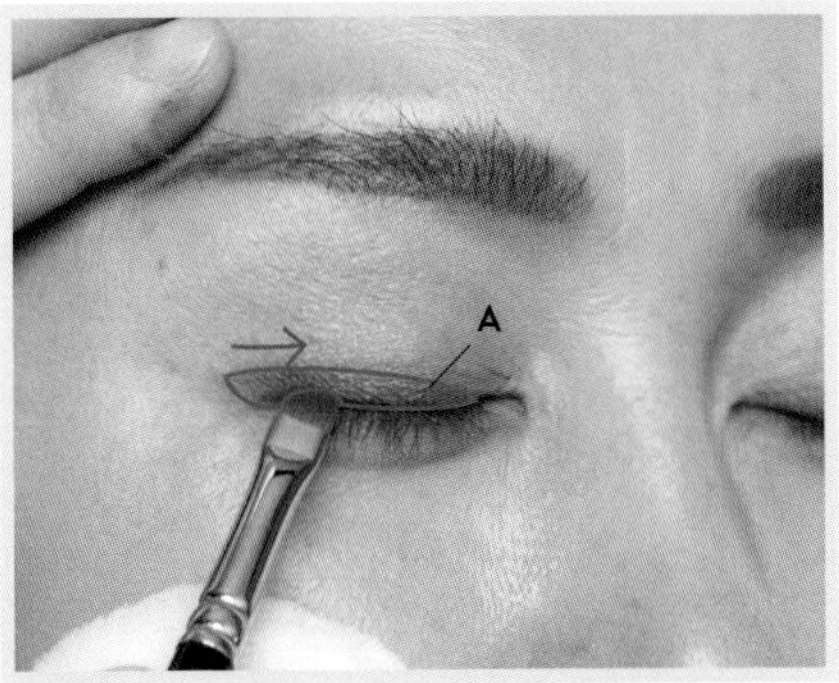

濃いめのパープルを上まぶたのキワにのせる。目尻から中央へグラデーションがつくように。

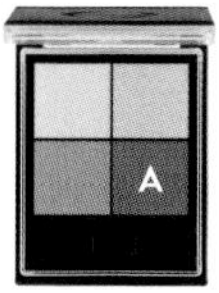

重ねてもくすまないプラム系の4色パレット。

エクセル リアルクローズシャドウ CS04 ¥1,500／常盤薬品工業

3

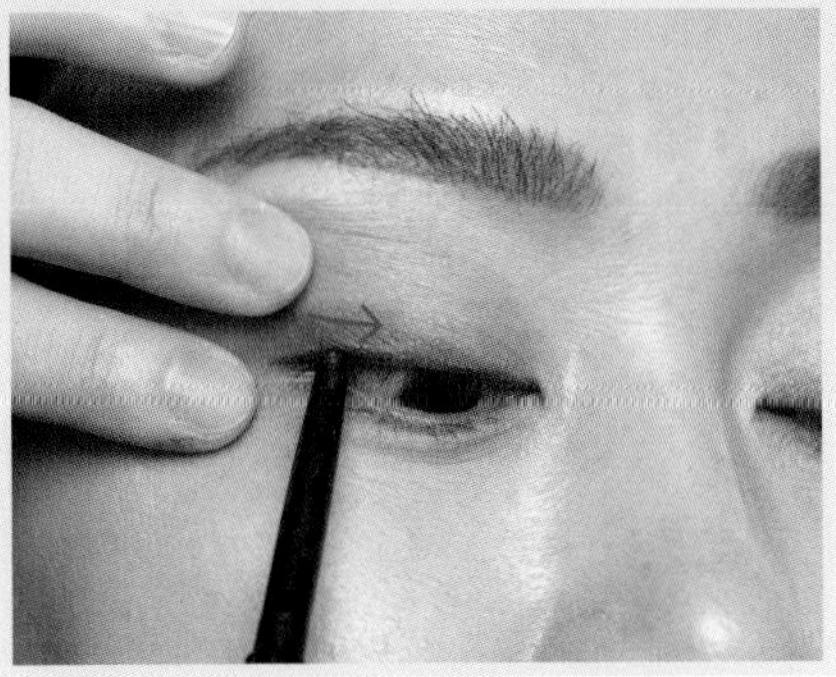

上まぶたを引き上げ、ジェルペンシルを下から差し込んでまつ毛の隙間を埋めていく。

なめらかな描き心地とにじみにくさを両立。

ケイト　レアフィットジェルペンシル BR-2 ¥1,100（編集部調べ）／カネボウ化粧品

【お悩み別】

今よりもっと若く見える
目元にしたい

透明感あふれる目元で見た目年齢をダウン

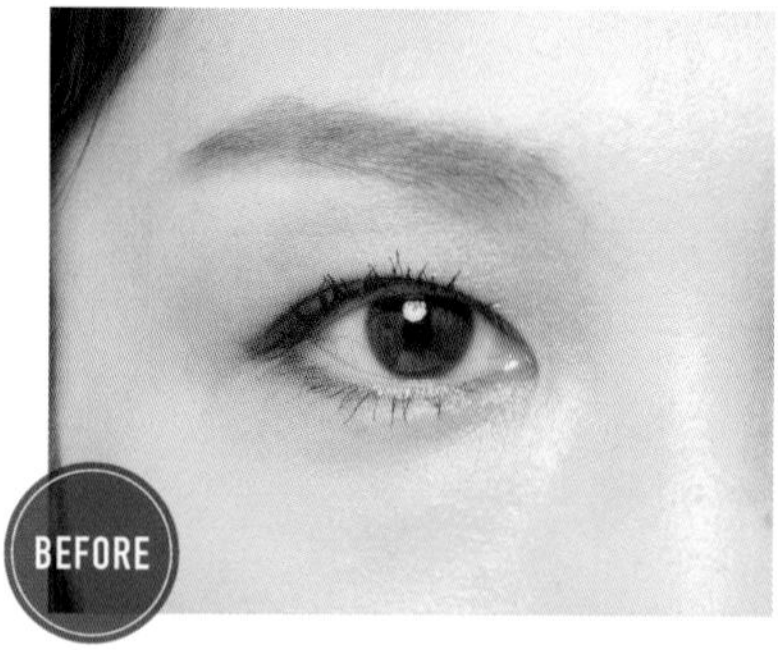

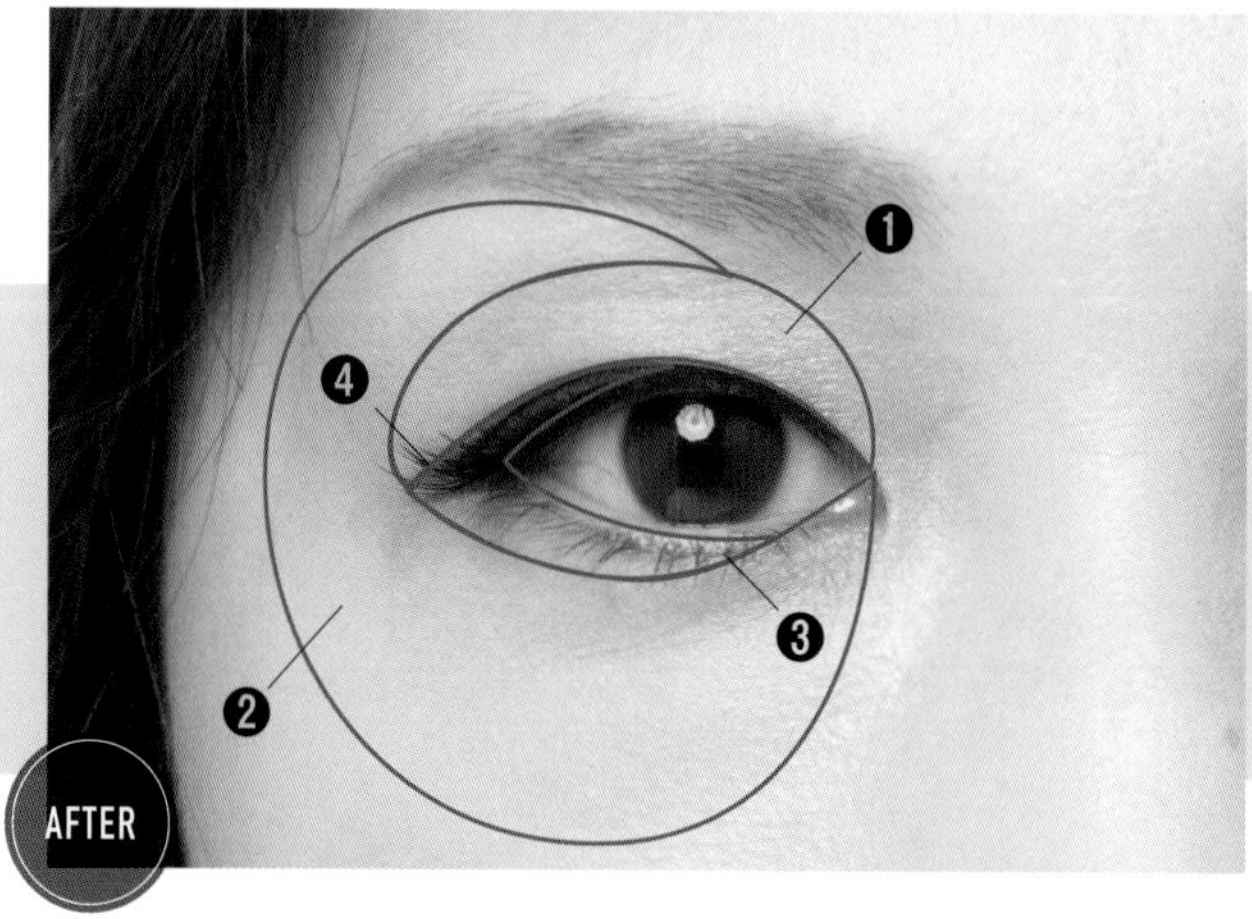

❶ 清楚な質感のヌーディアイ

❷ 目まわりハイライト

❸ ブラウン隠れフレーム

❹ 目尻つけまつ毛

目元に透明感と清楚さ、優しさを感じさせるメイクをすると、“お嬢さん”のような雰囲気を演出できて若見えします。まぶたはクリームアイカラーの上にブラシでパウダーアイカラーを重ねると、透明感がありながらも余分なテカリを抑えて清潔感が出ます。目のフレームとなるアイラインと下まぶたメイクはブラウンを使い、囲んでいる感じを与えずにぱっちり目効果を発揮。ここまでのアイメイクが全体的に優しげな分、目尻つけまつ毛で少しインパクトをプラスします。

1

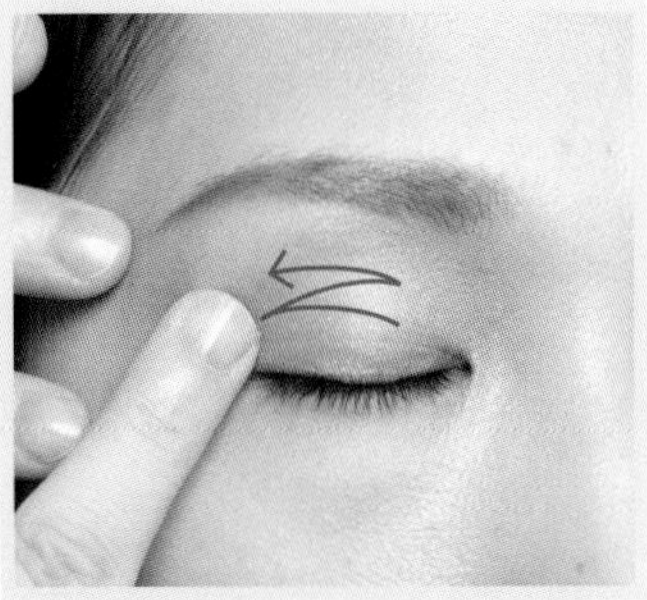

クリームアイカラーをアイホールにのせてトーンアップ。次のパウダーの密着度を高める。

これを使用

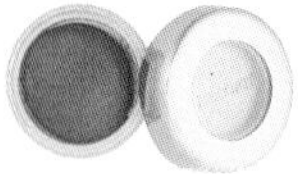

温かく穏やかな目元に導くウォームベージュ。

アイグロウ ジェム BE386 ¥2,700／コスメデコルテ

2

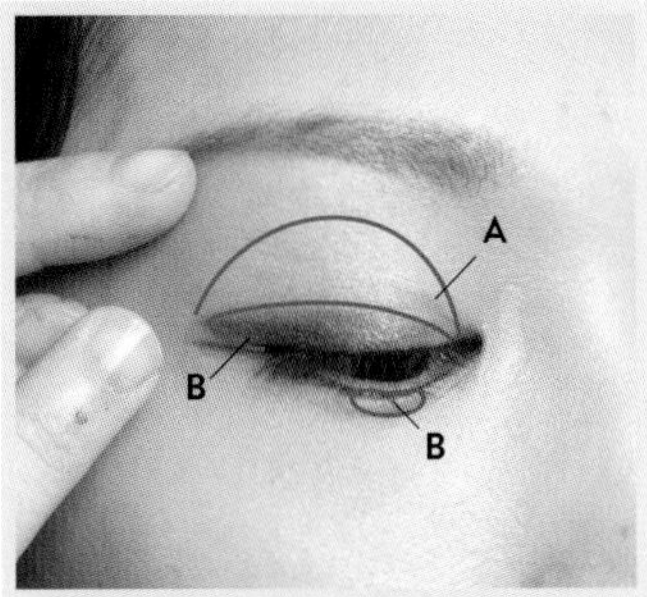

パレットのAの色をアイホールに、Bを上まぶたのキワと黒目の下にブラシでのせる。

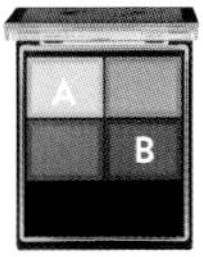

透明感のあるバーガンディ系。グラデーションづくりが簡単。

エクセル スキニーリッチシャドウ SR06 ¥1,500／常盤薬品工業

多彩に使える超微粒子パウダー。ピンクパールのような艶肌に。

フェイスカラー 136 ¥2,500／ケサランパサラン

3

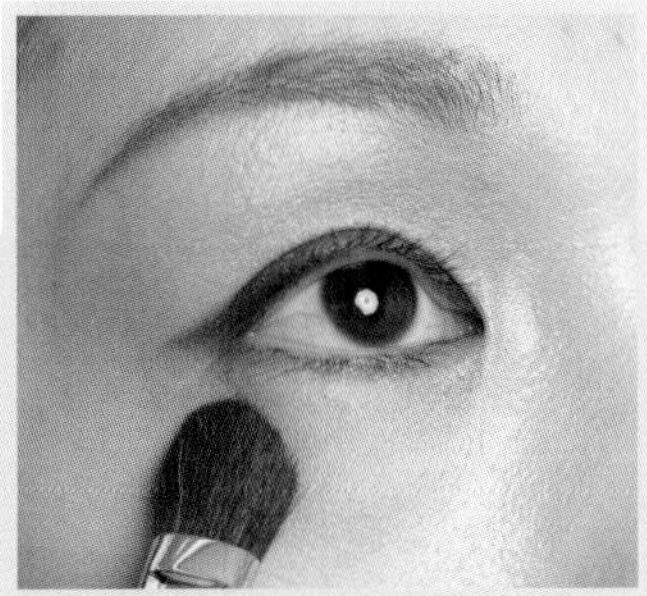

まゆ尻の下から目尻の下にかけてのCゾーンに、ピンク系ハイライトを入れて明るく。

力を入れずにすると描けて、乾くと高密着。

ケイト レアフィットジェルペンシル BR-2 ¥1,100（編集部調べ）／カネボウ化粧品

4

上まぶたはブラウンの隙間埋めライン、下まつ毛はブラウンマスカラで優しく強調。

優しく、知的な印象を与えるダークブラウン。

UZU モテマスカラ ブラウン ¥1,800／ウズ バイ フローフシ

上昇ラインメイク

チーク、ハイライト、シェーディングという
メイクの脇役たちは、大人にこそ必須です。
さりげなく余白を埋めて顔をリフトアップ！

BEFORE

普段のメイク

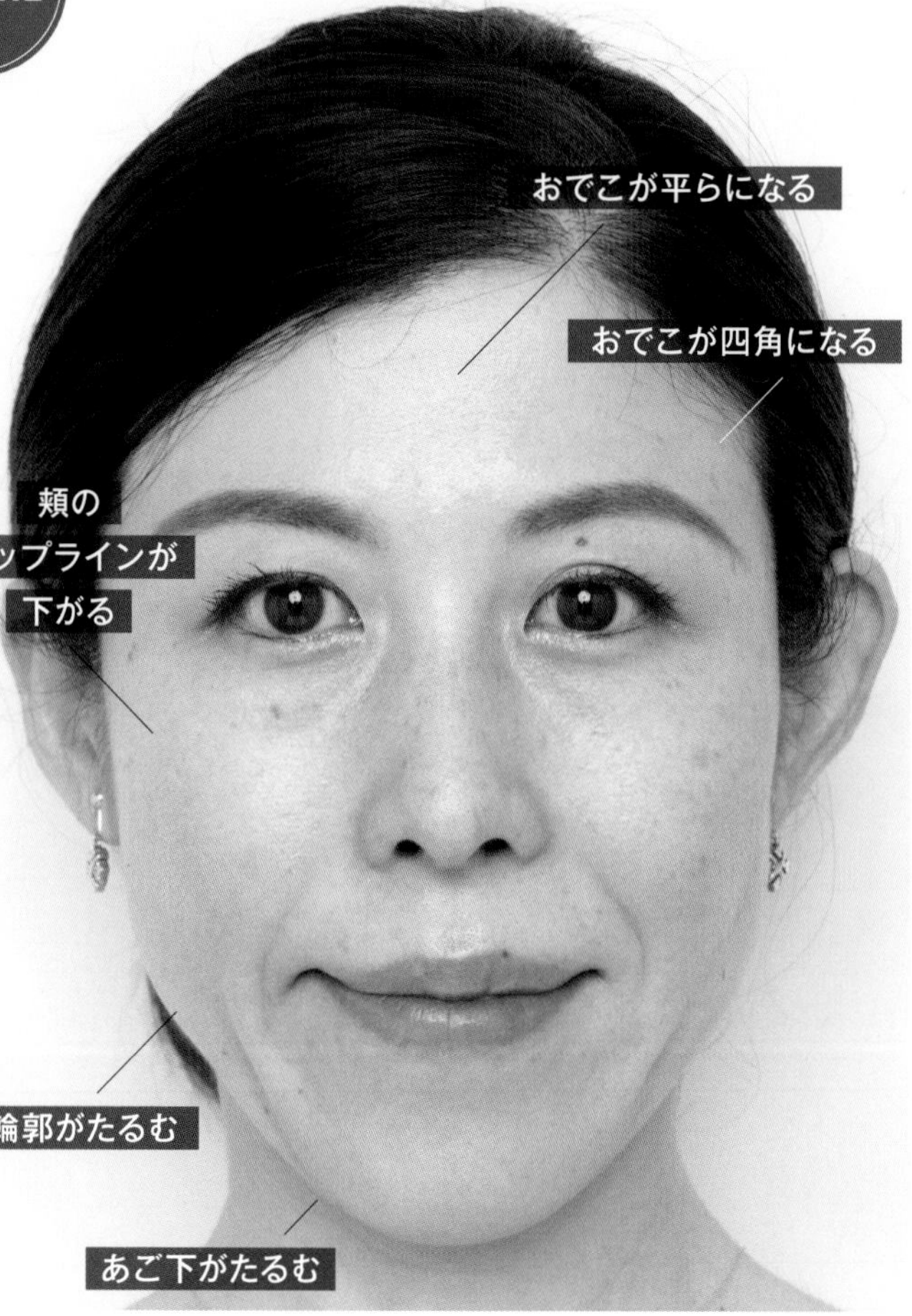

“年齢とともに下がる、たるむ。面長になり余白が生まれる”

年齢とともに顔は下へ、下へ。輪郭もパーツも下降してのっぺりとした顔になります。頬が下がって間延びすることや、こめかみがやせてへこむことは面長化の原因です。顔が下がってきたサインとして、「目尻下がりライン」、「ゴルゴライン（ハの字ライン）」、「ほうれい線」、「マリオネットライン（口角下がりライン）」(P73)が現れます。

錯覚メイク

AFTER

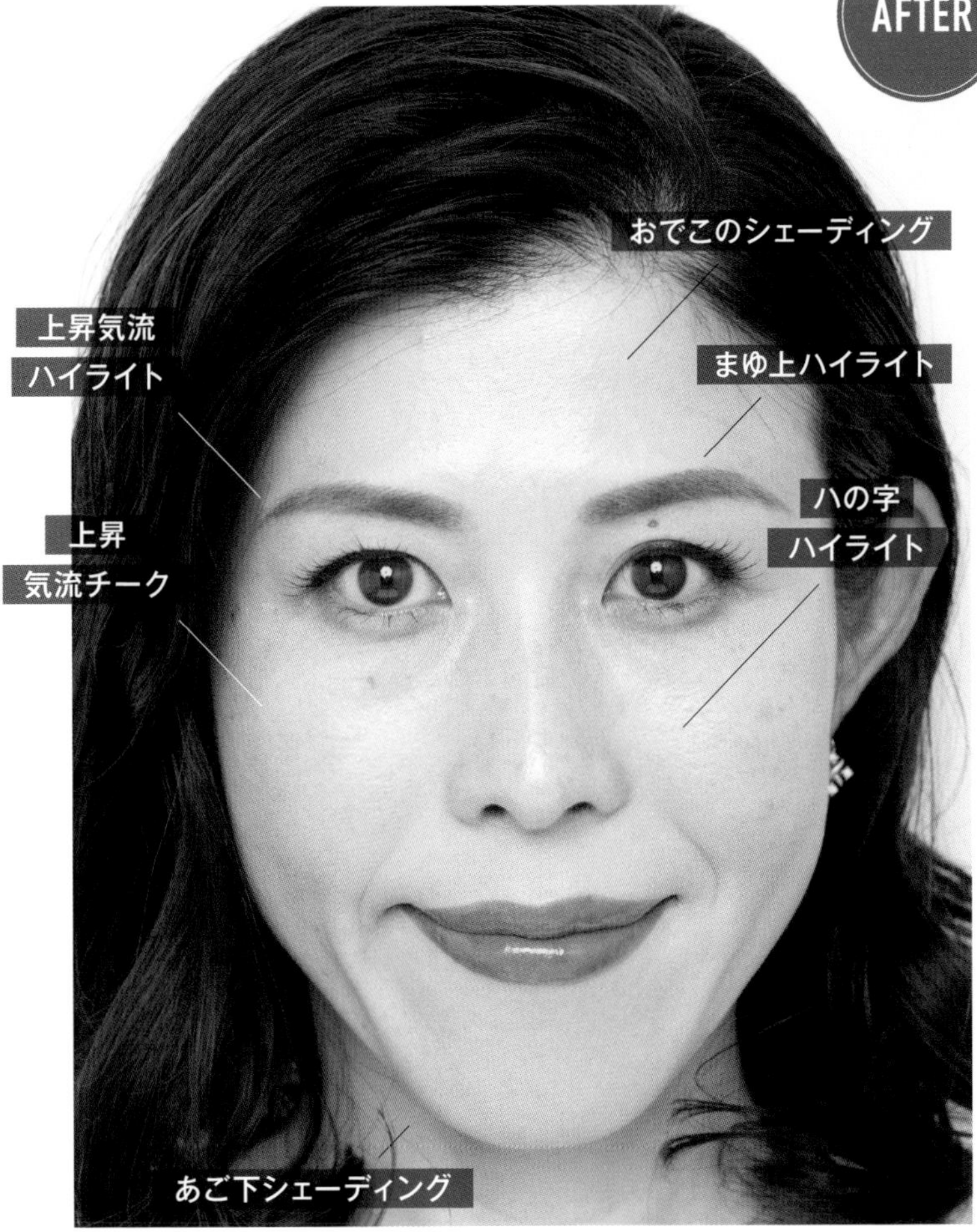

“光と影で、リフトアップしたように見せる”

上昇ラインメイクには、顔の余白と４つのダウンラインに対抗する技が詰まっています。チークやハイライトで顔の中に上昇気流をつくれば、頬や目元が引き上がった印象に。ハイライトには、光を集めて丸みやハリ感があるように見せて、余白を埋める役割も。また、シェーディングはたるみや角といった“いらないもの”を取ってくれます。

上昇ラインメイク

1

cheek

チーク

上昇気流チークでリフトアップ効果

チークを入れないなんて、もったいない！　下がって高さがなくなった頬は、顔の中で一番大きな余白。それをチークで埋めることで、一気に小顔に見えるんです。

ただし、アラサー以降はチークを主役にしないこと。色は肌なじみを重視して、温かみのあるローズかアプリコットが基本です。そして大切なのが入れる位置。正面に丸く入れると可愛すぎるし、側面に斜めに入れると面長を強調して老け見えの原因に。正解は、「正面は横長＋側面はハネ上げ」の勾玉形。顔の中に上昇気流が生まれてキュッとリフトアップ！

灰リスと山羊のブレンド毛を使用。適度なコシがあり肌あたりが柔らかで、粉含みも抜群。

きのこ筆 中 艶消し黒 ¥17,700／白鳳堂

これを使用

シアーに肌に溶け込み、素肌のように自然な血色感と立体感を演出するベージュオレンジ。

ルナソル カラーリングシアーチークス 08 ¥5,000（セット価格）／カネボウ化粧品

チークプロセス

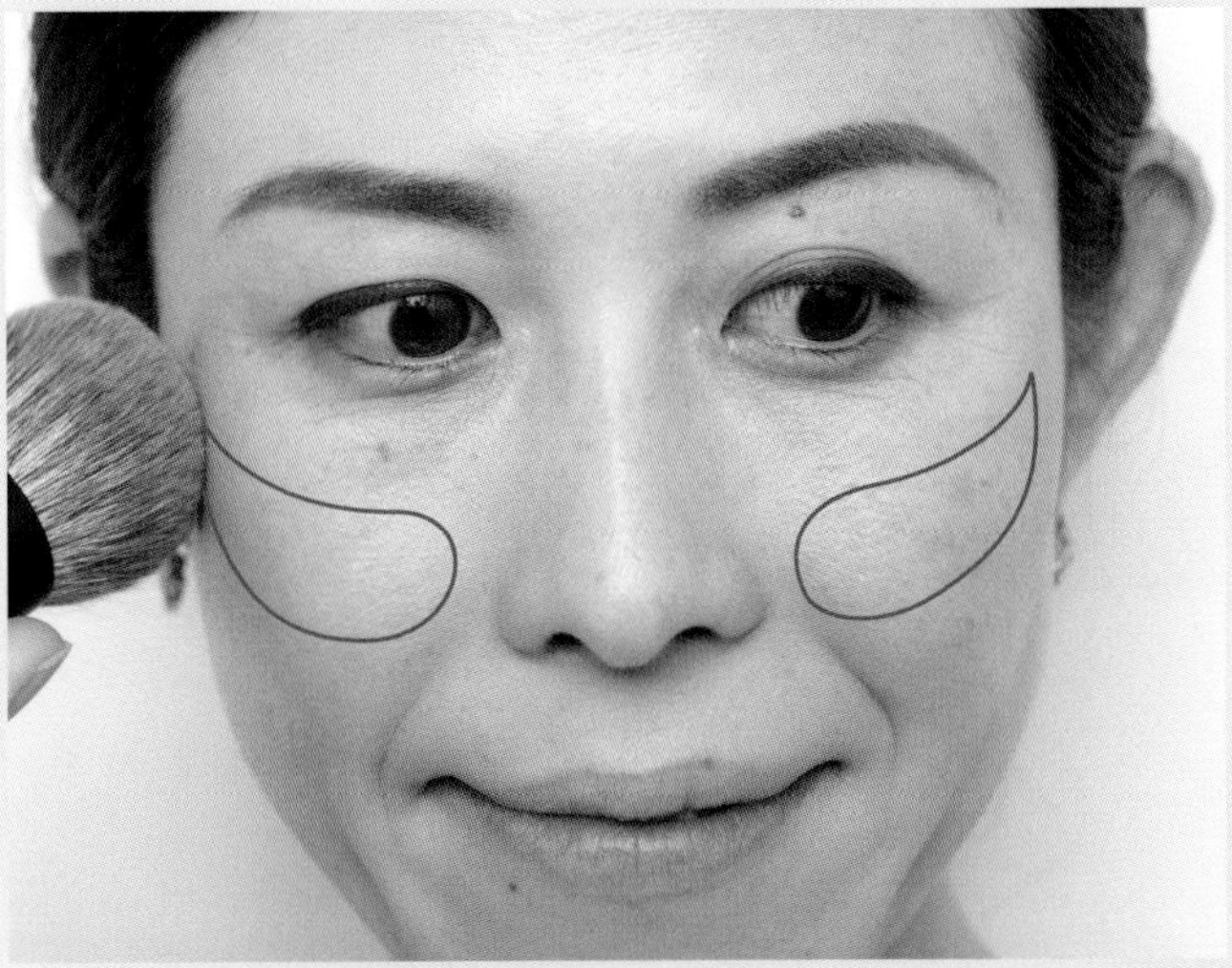

黒目と小鼻の延長線がぶつかるところから横へふわりとのせて、最後はキュッとハネ上げる。

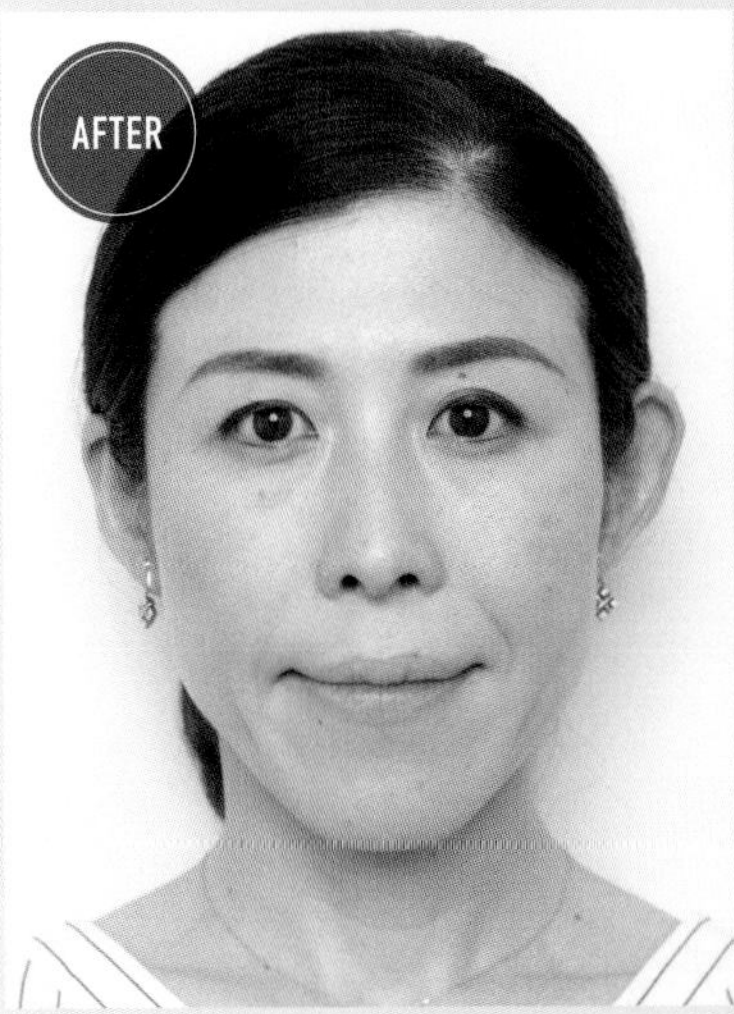

上昇気流チークを入れると目の錯覚で顔が引き上がり、ふわっと横に広がって見える。

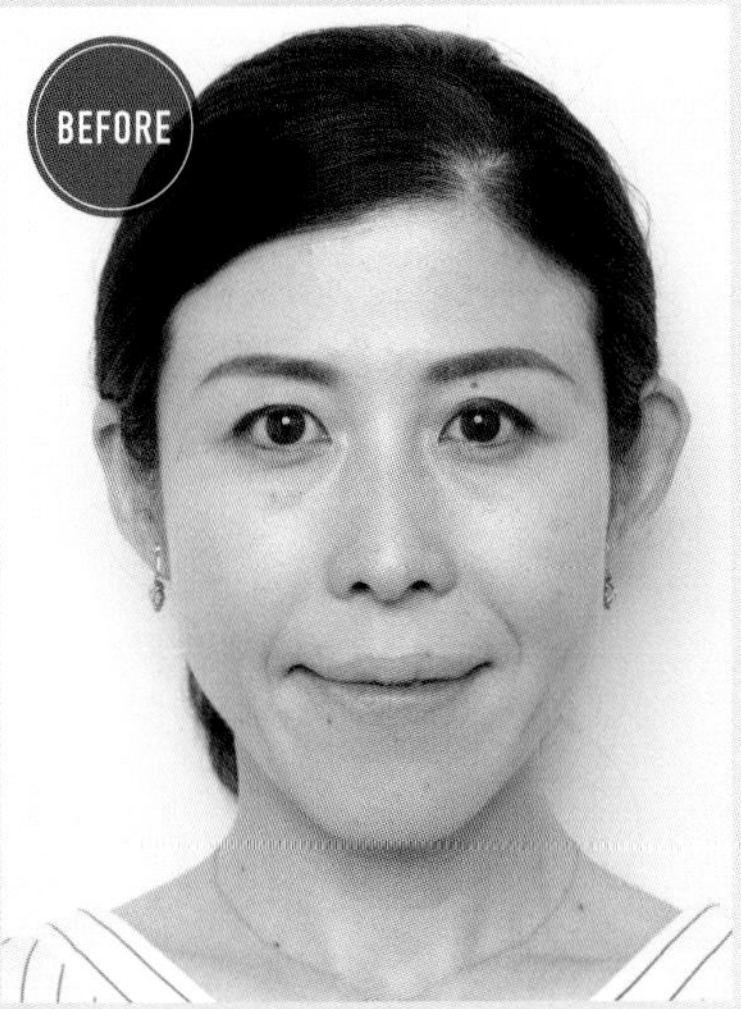

頬に色みがないと顔が長く見える。表情は微笑んでいるのにさみしげで元気のない印象。

上昇ラインメイク

2

highlight

ハイライト

こめかみ上昇気流ハイライトで ふっくら、明るく、たるみ回避

ハイライトは、「元からキレイ」をつくる縁の下の力持ち。まずは、へこんできたこめかみをふっくらさせて、縦に伸びた顔を元の若々しいフォルムに戻しましょう。

使うのは、肌が柔らかく見えるピンクのしっとり系ハイライト。目尻の下からこめかみに向かって斜めに入れ、上昇気流をつくります。すると、こめかみが横へふくらむだけでなく、目尻のダウンラインにも効果を発揮。光が視線を誘導し、目元を明るく引き上げてくれます。ほかにも、ちりめんジワが飛ぶ、瞳に光が差し込んで輝くなど、うれしいことだらけ。

これを使用

レフ板効果のホワイト層と、肌なじみを叶えるカラー層のマーブル設計。光の力で美しく。

キャッチライトスティック ピンク ¥3,500／イプサ

ハイライトプロセス

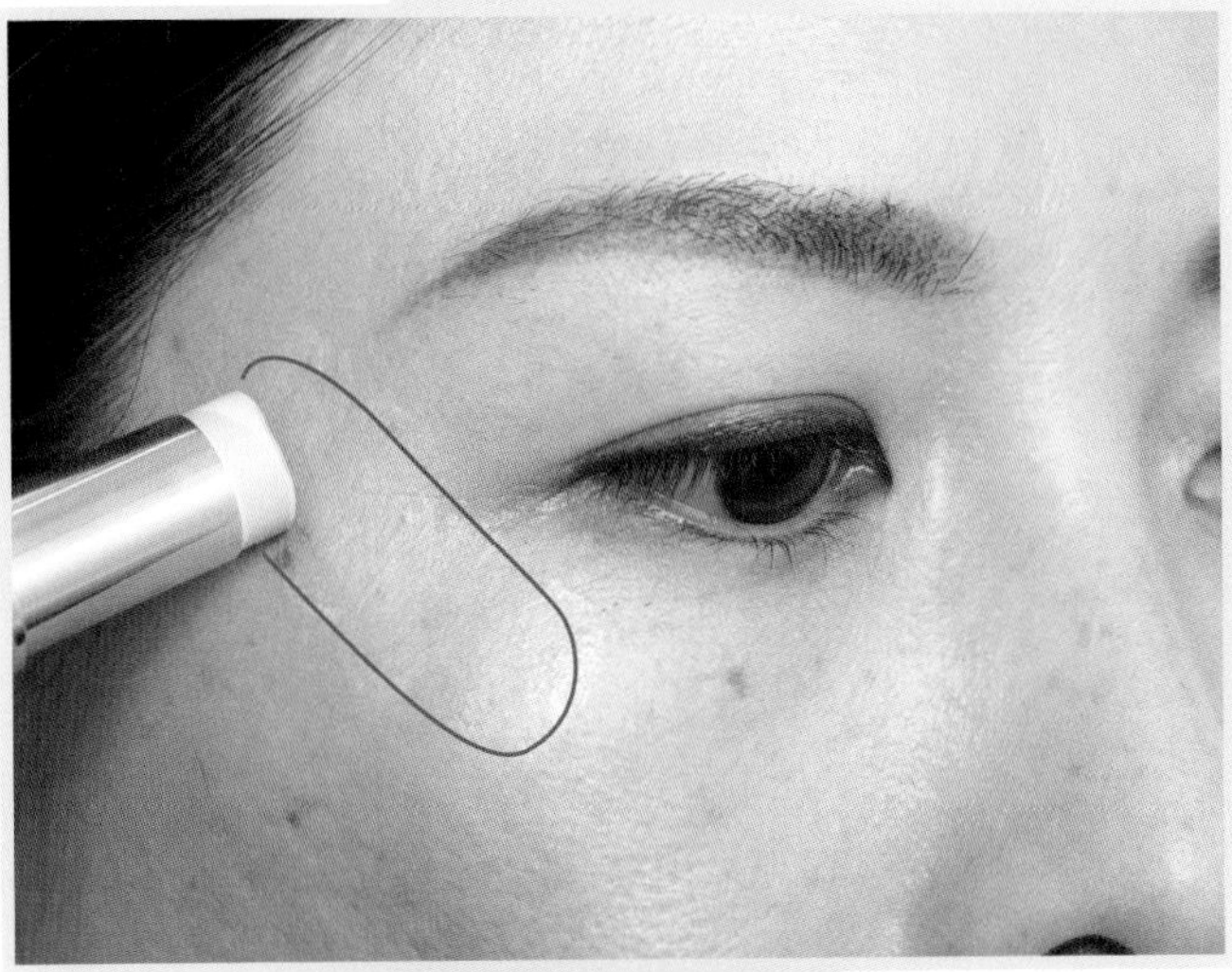

目尻下の頬骨あたりからこめかみに向かってハイライトを斜めにのせ、指でとんとんとぼかす。

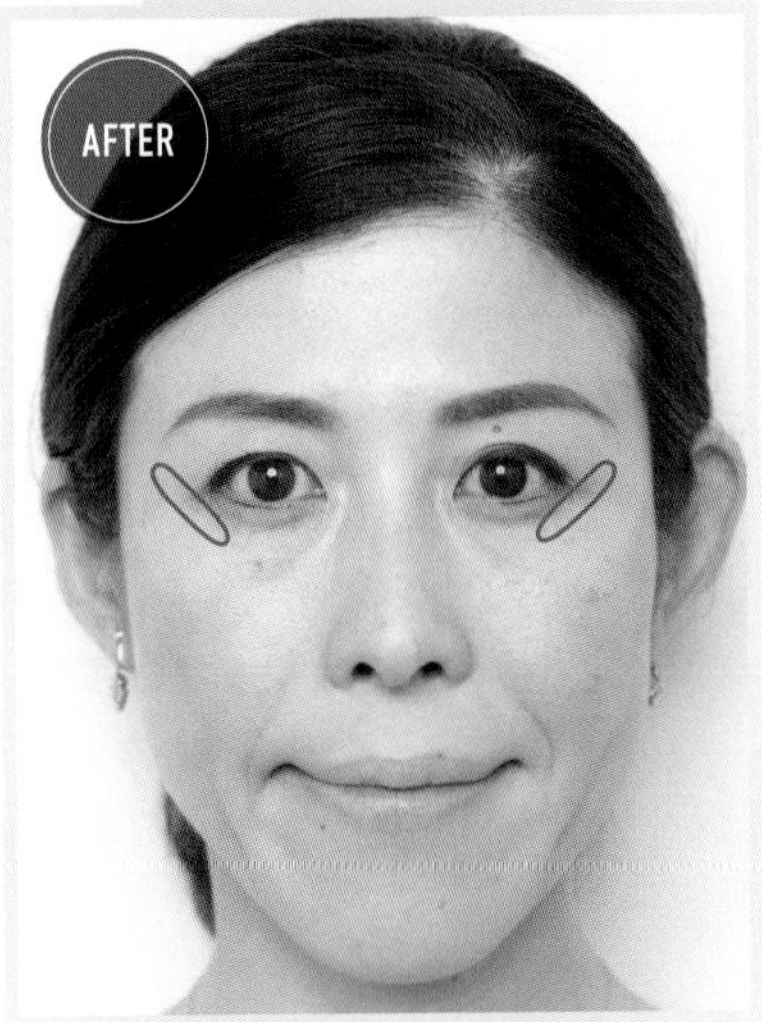

こめかみがふっくらとして見え、目元が明るい印象に。リフトアップ効果で目がぱっちり。

上昇ラインメイク

3

highlight

ハイライト

まゆ上、ハの字ハイライトで顔の立体感をアップ

さあ、もっと錯覚を起こしていきましょう。おでこが平たくゴツゴツしてくると、女性らしさがダウンします。それを救うのはまゆ上ハイライト。たった2か所の光で、丸みのあるおでこに見えます。

間延びしたのっぺり顔に効くのは、メリハリを仕込むハの字ハイライト。目頭から頬にかけて艶を与えると、たちまち立体感が出ます。「ゴルゴライン」を光で飛ばし、若々しい印象も実現。

ハイライトの色は自然な発光感のシャンパンカラーがおすすめ。キラキラすぎるものや白はわざとらしく見えてしまいます。

これを使用

なめらかに伸びて繊細な光沢を与え、自然な艶をつくるヘルシーゴールドのハイライター。

シマー リクイド ハイライター 02 ¥3,900／SUQQU

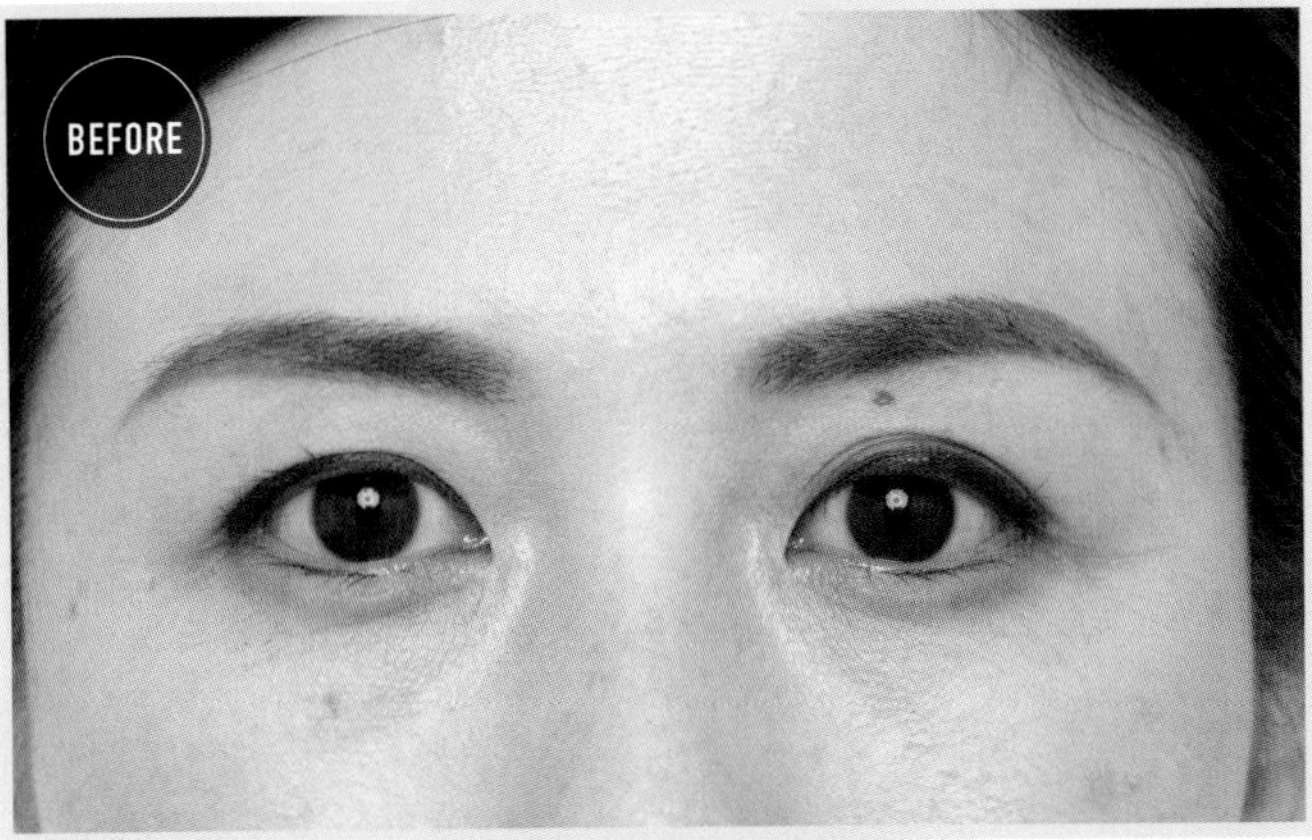

下地やファンデーションで肌はキレイに整っているものの、まだメリハリが足りない状態。

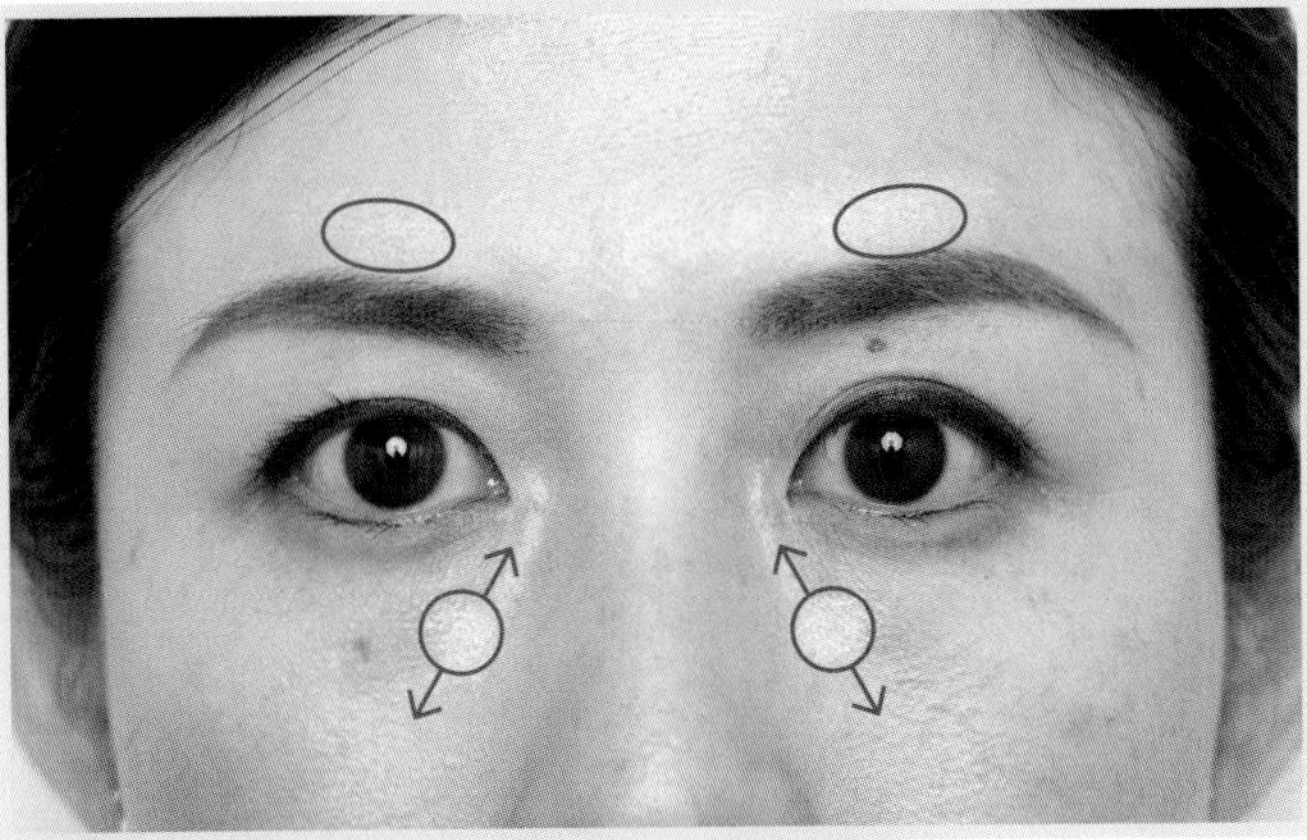

手の甲でテクスチャーを調整してから肌にのせる。ハの字ラインは点置きしてから指で押さえ込むように上下に伸ばしていく。まゆ上は黒目の幅が目安。

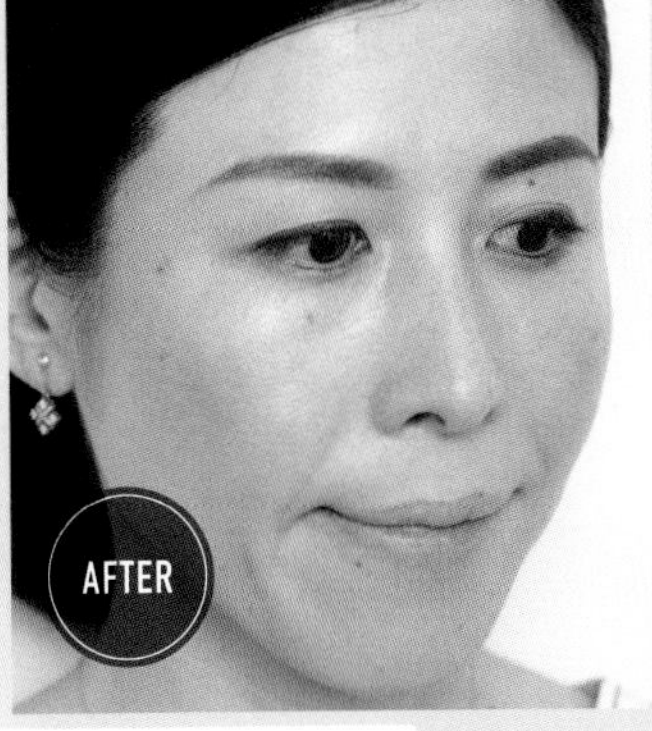

まゆ上の艶でおでこが丸く見える。ハの字ラインの光を受けて頬のハリや立体感がアップ。

【お悩み別】

パーツが離れた丸顔を
大人可愛く見せたい

ハの字・メガネラインハイライト
＆ハートチーク

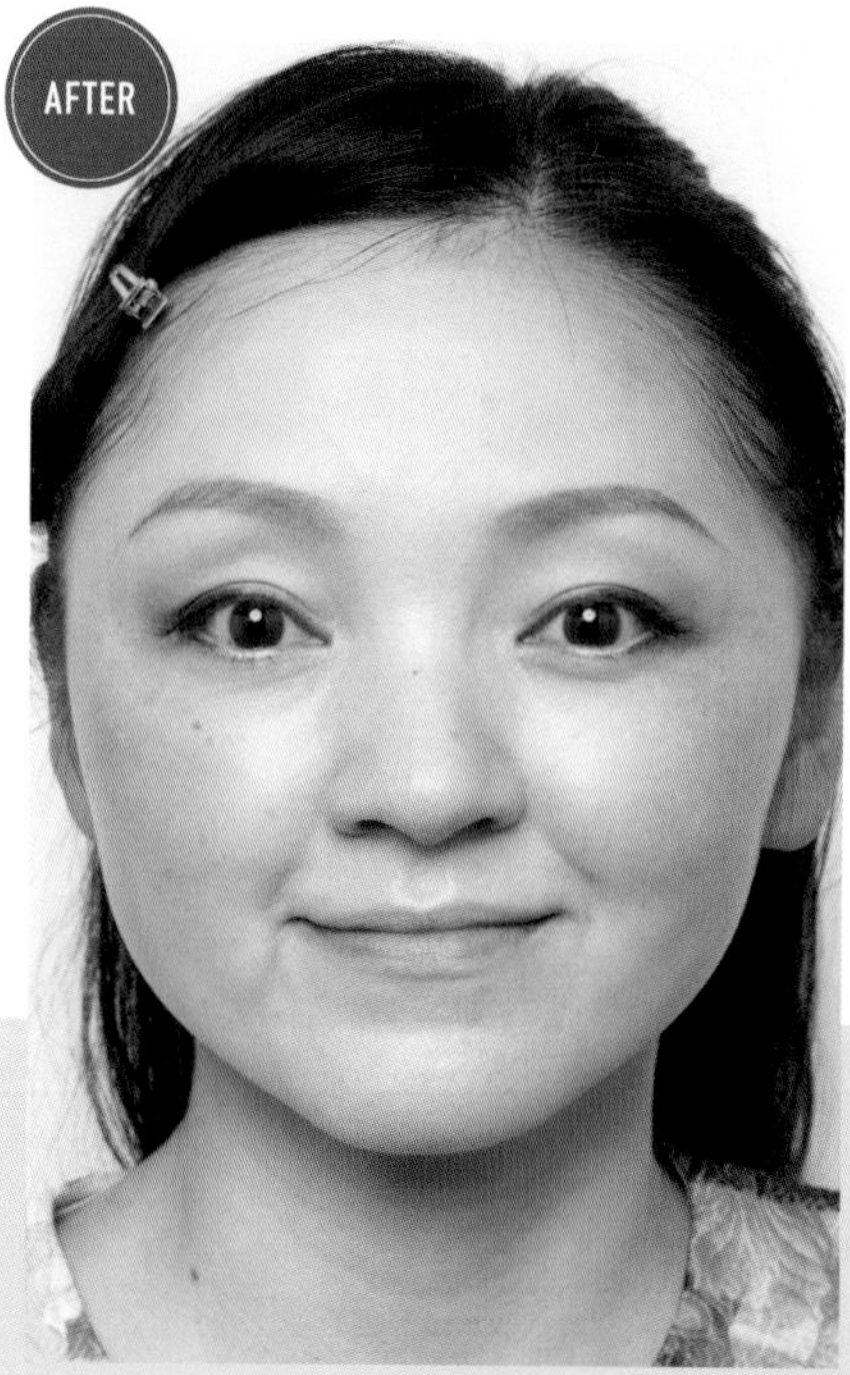

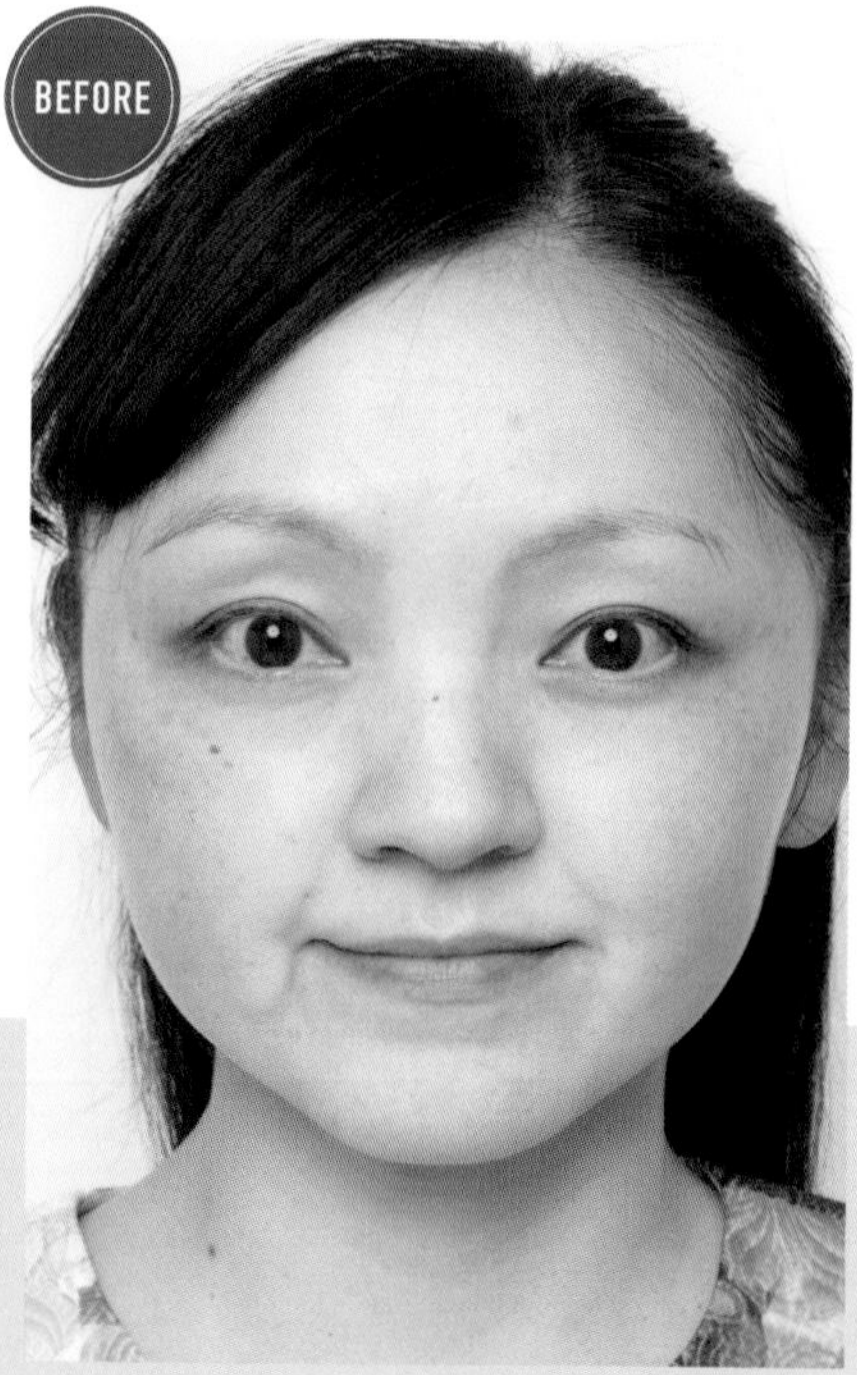

幼顔に見える「遠心パーツ×丸顔」を、「パーツ寄せ×立体感アップ」技で大人可愛く。

パーツが離れた遠心顔さんは、顔の中心に余白があります。そして丸顔さんの頬の余白は、縦横に広く丸みを帯びています。この両方の特徴を持った顔立ちなので、まずはパーツが中心に寄って見えるように、ファンデーション後に仕込みハイライトをプラス。「メガネライン」（メガネのブリッジのように左右の目頭を結ぶライン）と、「ハの字ライン」に光を集めて、目が近づいたような錯覚を起こします。チークはハート形に入れて丸い余白を埋め、引き締めながら立体感をアップ。

1

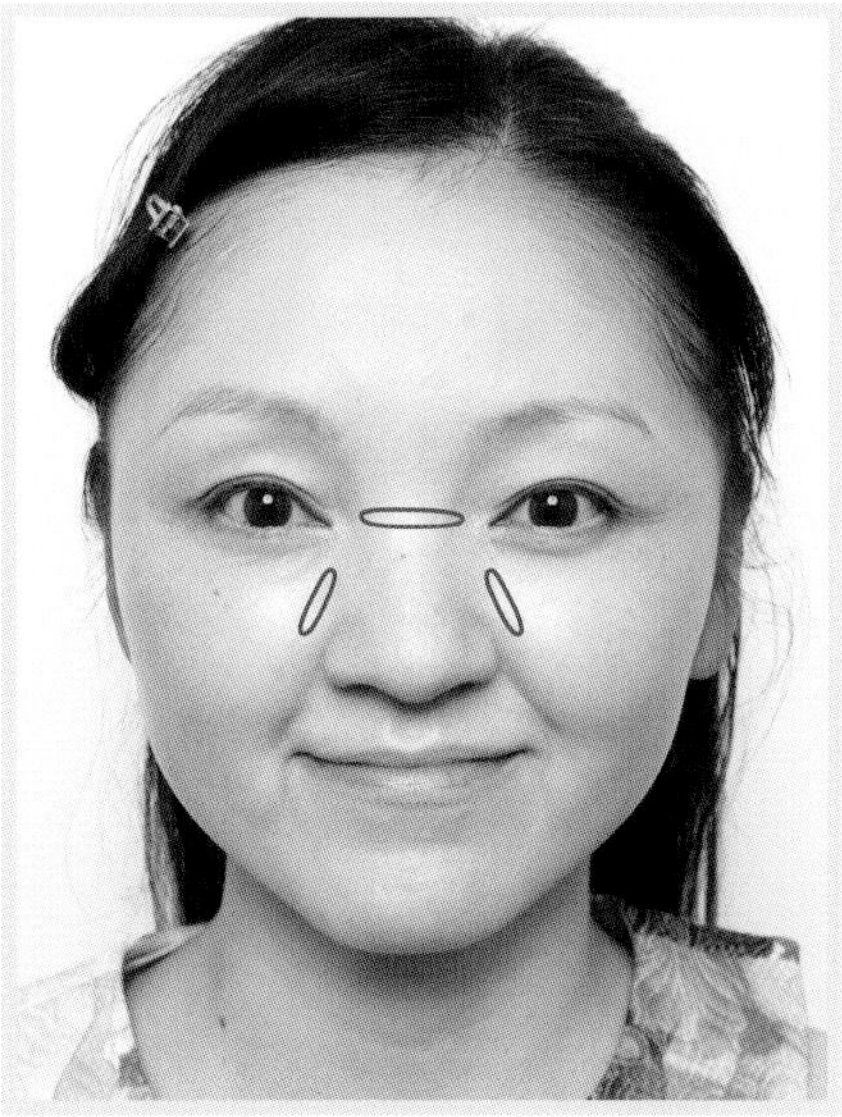

メガネライン(左右の目頭を結ぶライン)とハの字ラインにハイライトを入れる。

レフ板効果のホワイト層と、肌なじみを叶えるカラー層のマーブル設計。光で肌や瞳を美しく見せる。

キャッチライトスティック ピンク
¥3,500／イプサ

2

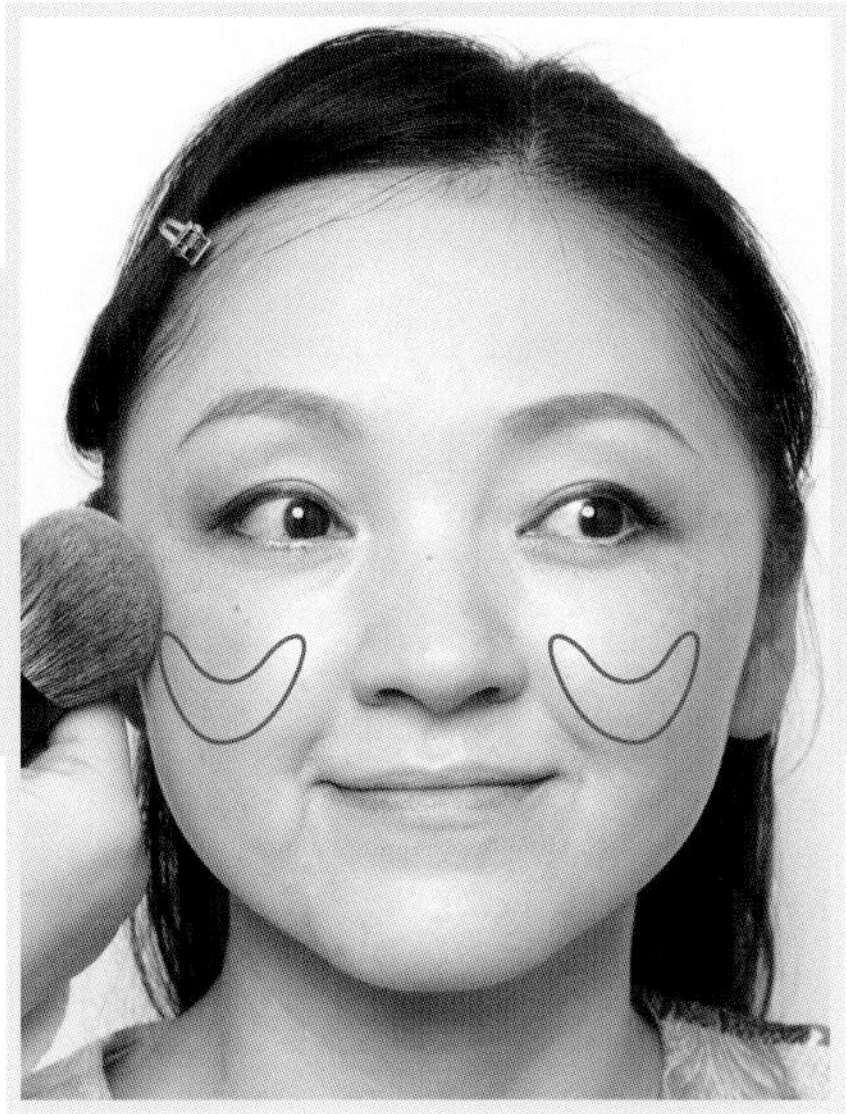

筆でくるくるとチークをとり、余分な粉を落としてから顔の正面にハート形にのせる。

パウダーでもしっとり密着感があり、肌に繊細な艶感と透明感をオン。色っぽ可愛いボルドーカラー。

キャンメイク グロウフルールチークス
09 ¥800／井田ラボラトリーズ

灰リスと山羊毛のブレンド毛を使用。適度なコシがあり肌あたりが柔らかで、粉含みも抜群。

きのこ筆中 艶消し黒 ¥17,700／白鳳堂

【お悩み別】

おでこの角張り、あごの
たるみを目立たなくしたい

シェーディングで小顔&若見え

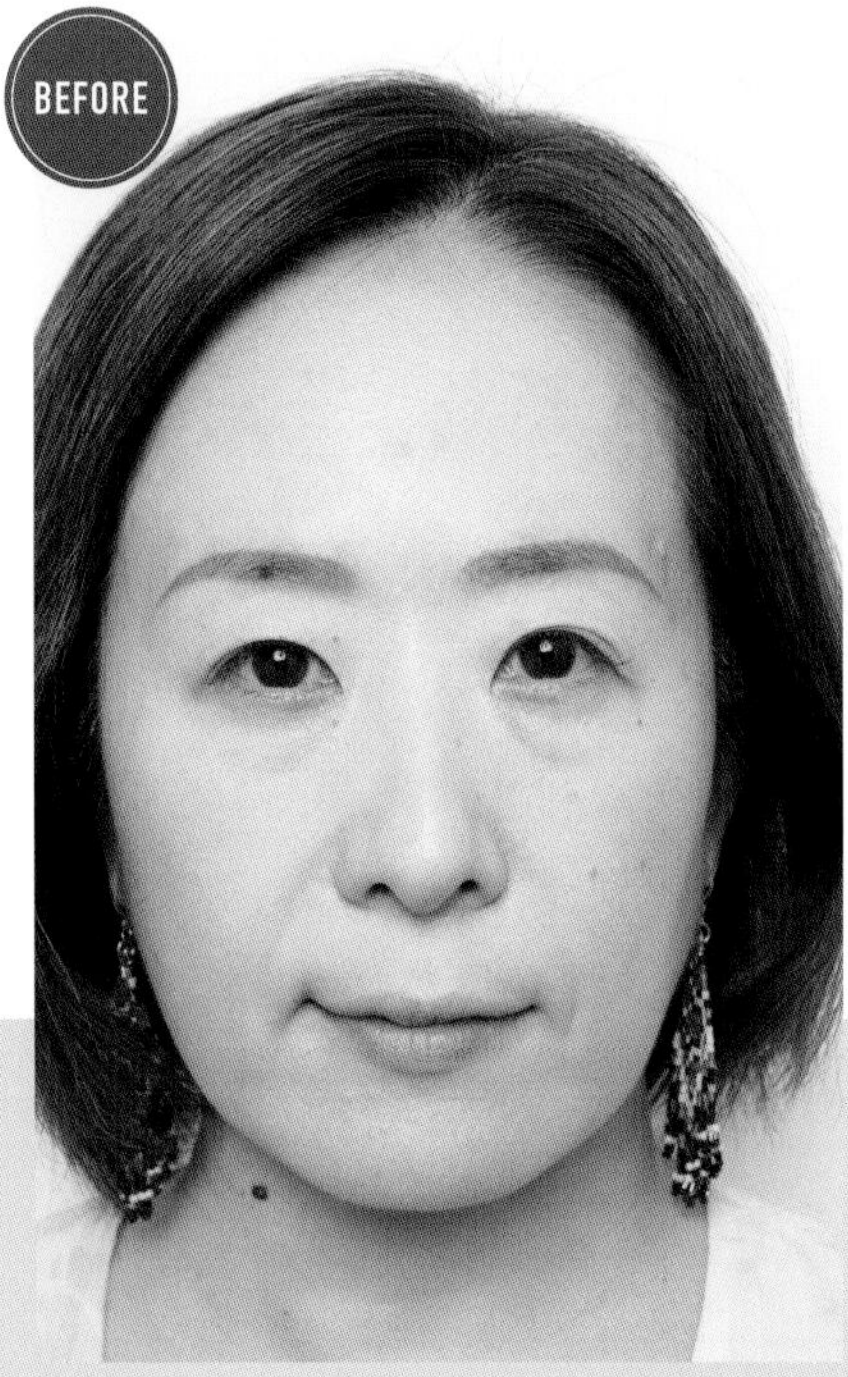

おでこの面積が縮まり、角が取れて丸い形に。あご先の輪郭も引き上がったように見える。

入れ方がわからなかったり、まわりにバレるのが嫌だったりして、シェーディングは省略されがちなステップです。でもハイライトと同じで、小顔や若見えを叶えるためには欠かせないもの。おでこの角張っている部分に影をつければ丸い形に補正でき、広くなったおでこの面積を縮めることもできます。そしてぜひ試してほしいのが、あごの下に入れる「隠しシェーディング」。顔の外周にシェーディングするのは抵抗があっても、これなら自然にあごラインを引き締めることができます。

1

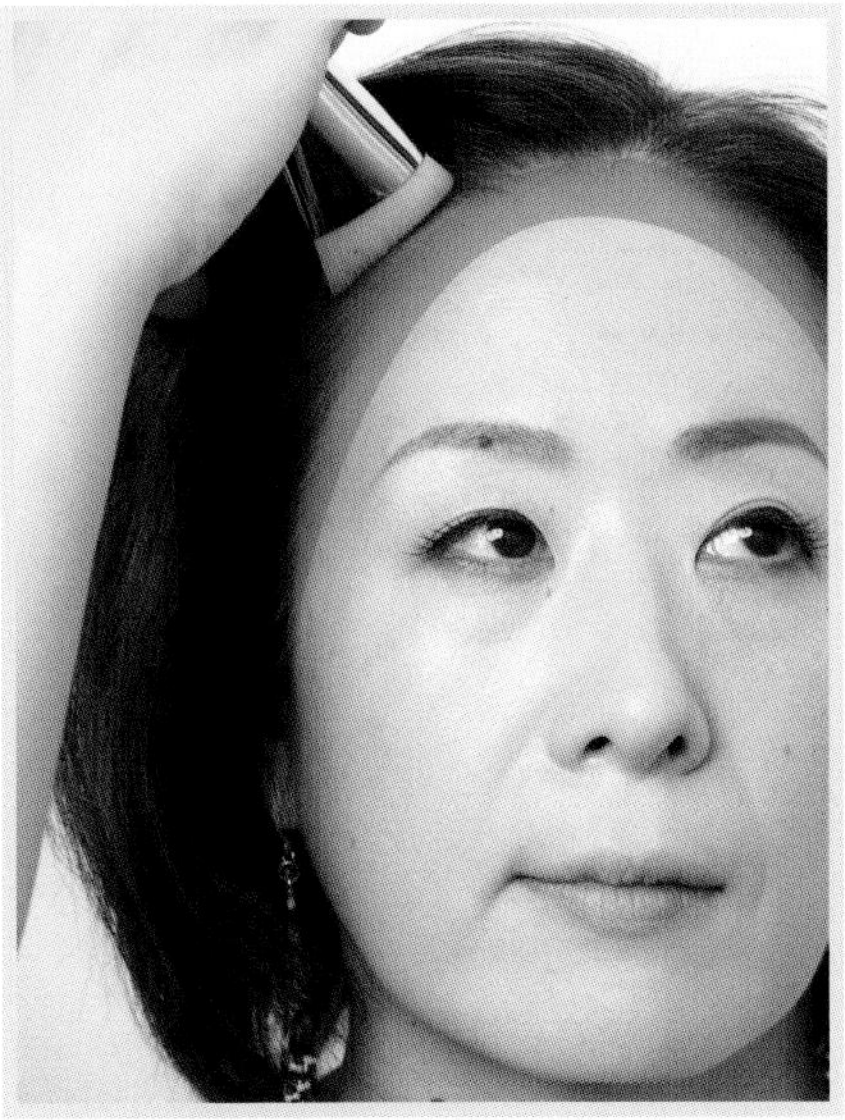

四角くなったおでこの角を取るように影をつける。生え際にしっかり入れ込むように。

これを使用

軽やかなつけ心地でシルキーマットな質感。美しい立体感とソフトフォーカスで、望み通りのコントゥアー効果をもたらす。

NARS マットブロンズパウダー 5241
¥4,400／NARS JAPAN

2

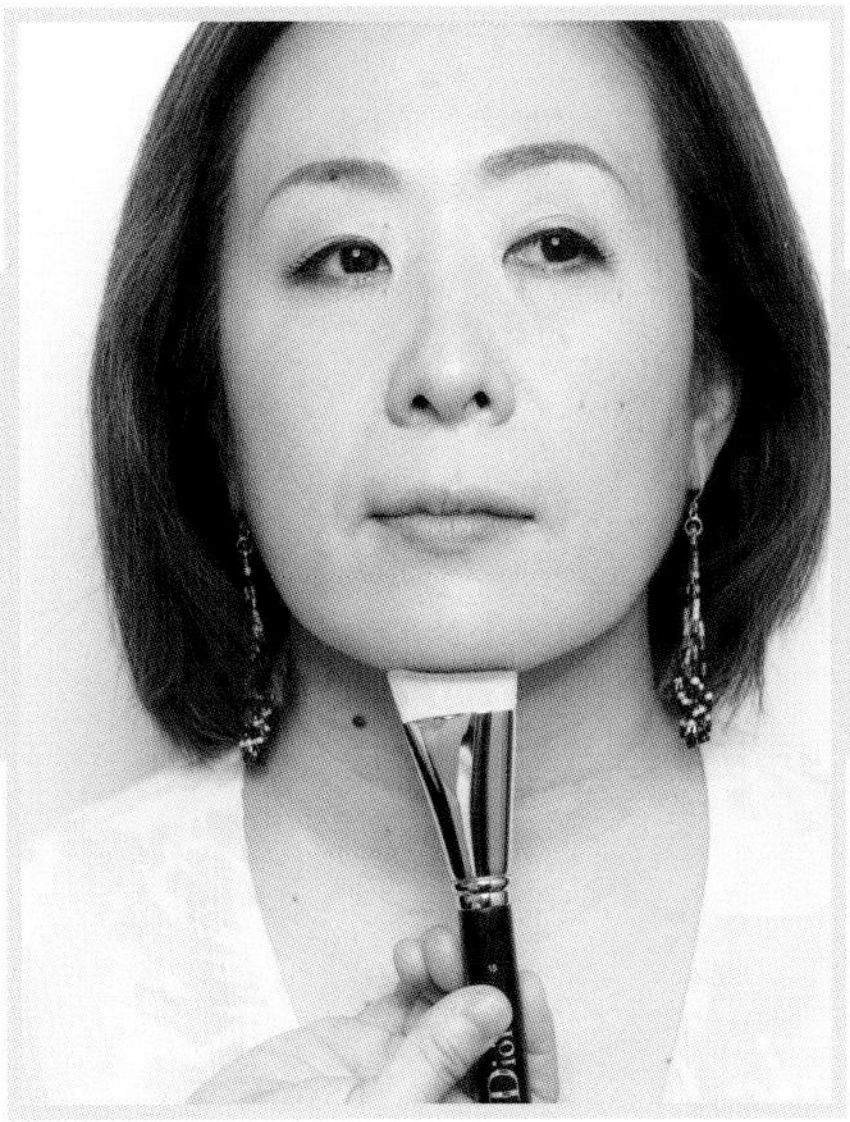

正面からは見えない、あごから首にかけてのたるみゾーンもこっそりシェーディング。

パウダーをなじませるのに適した高密度のブラシ。斜めカットでムラなく立体感のある仕上がりに。

ディオール バックステージ コントゥール ブラシ ¥6,500／パルファン・クリスチャン・ディオール

大人LIPメイク

顔の下半分はたるみの影響を受けやすい部分。唇や口まわりを補正するリップメイクでたるみを引き上げ、自信に満ちた笑顔へ。

普段のメイク

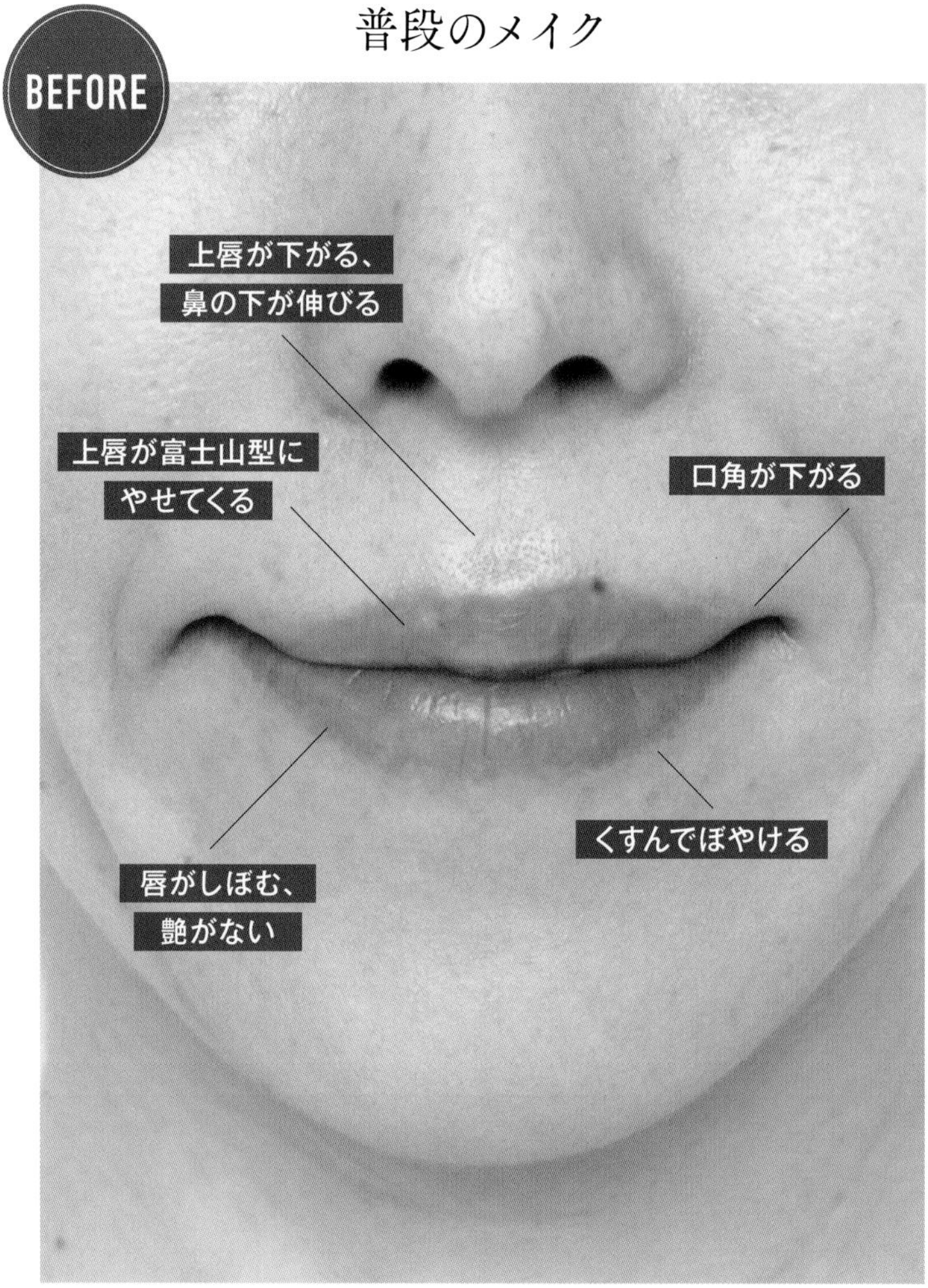

“年齢とともに、唇も位置やフォルムが変化している”

口元がたるむと唇が下がってしぼみ、上唇が内に巻き込まれて薄くなります。唇の血色不足やくすみ、下がった口角も相まって、不健康さや老け顔印象を招く原因に。しかも口元には、重力に負けた頬のたるみもおおいかぶさってくるので、年齢とともにほうれい線や口角の影がどんどん目立つようになります。

錯覚メイク

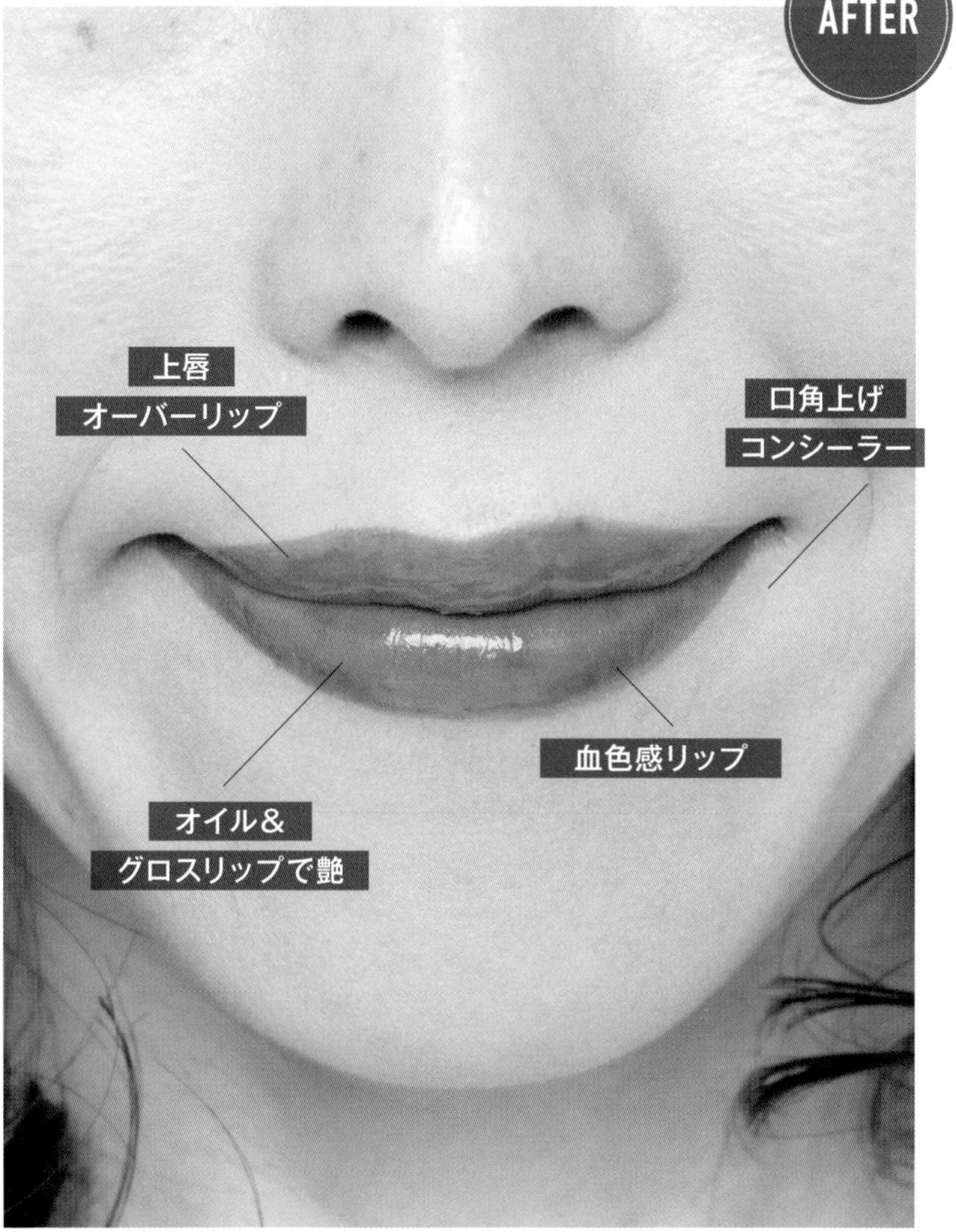

“ 輪郭や質感、色を変えて 若くはずんだ唇に錯覚させる ”

大人のリップメイクも、肌や目元と同様に唇をふっくら見せることが重要。
保湿力の高いリップアイテムで潤いと艶、血色感を与えて、若々しい唇をつくりましょう。
そして、２つの補正で唇の立体感に差をつけます。上唇をオーバーリップにして
丸みと厚みを出し、コンシーラーで唇の下の影を飛ばして口角をリフトアップ。

大人リップメイク 1

concealer

コンシーラー

口角上げコンシーラーで強制若返り

頬のたるみが口まわりにかぶってくることで、口角が押し下げられ、口角の下の影が濃く目立つようになります。この「口角下がりライン」は、腹話術の人形の口元になぞらえて「マリオネットライン」とも呼ばれる老化のサイン。

　口角下がりラインを消すには、筆ペン型のコンシーラーが活躍。ハイライトとして使える明るめの色を選びます。口角の下に斜めに引き上がるような光を仕込むことで、口角がキュッと上がり、好感度の高い若々しい口元に。

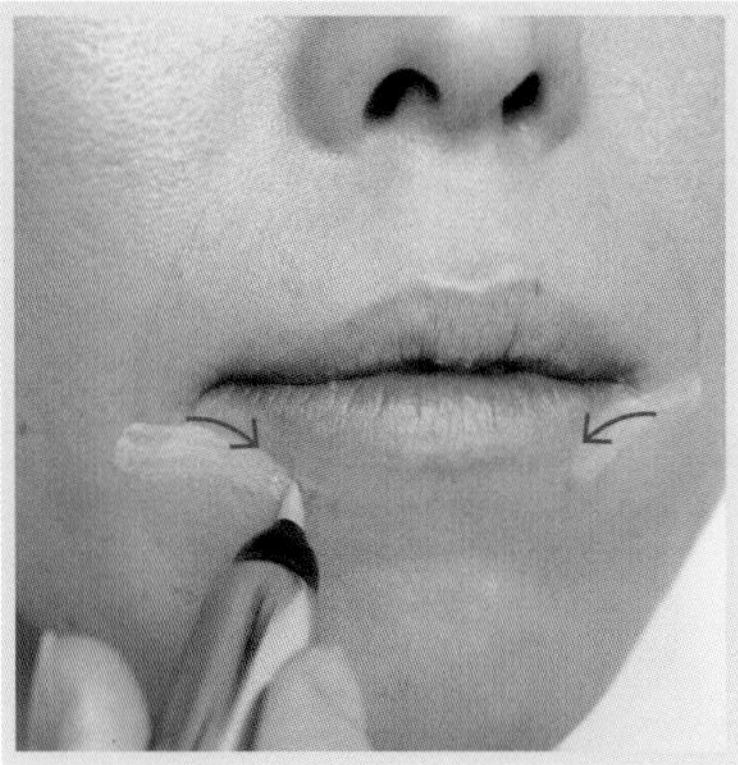

口角の下に斜めにのせてから、指でぼかす。

これを使用

光をとらえて明るさと輝きを与え、影、小ジワ、毛穴を自然に隠す。肌なじみがよくヨレにくい。

イヴ・サンローラン ラディアント タッチ #1 ¥5,000／イヴ・サンローラン・ボーテ

大人リップメイク

2

lip

リップ

上唇オーバーリップで 鼻の下の間のびを解消

年齢を重ねると上唇がやせて薄くなり、鼻と唇の距離が離れて間のび感が出てきます。そして、ふっくらと丸みのあった形から、側面がやせて少しとがったような富士山型に。その形のままリップメイクをしても、顔がぼやけてパッとしない印象になります。

口紅は、色づけるだけでなく上唇のラインを補正する役割も果たします。口角から山に向かうラインに丸みをつけるように、少しオーバーリップに仕上げましょう。端正で若々しい顔立ちになれます。

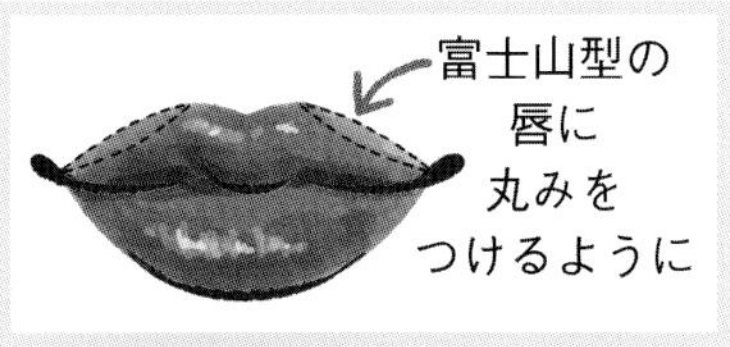

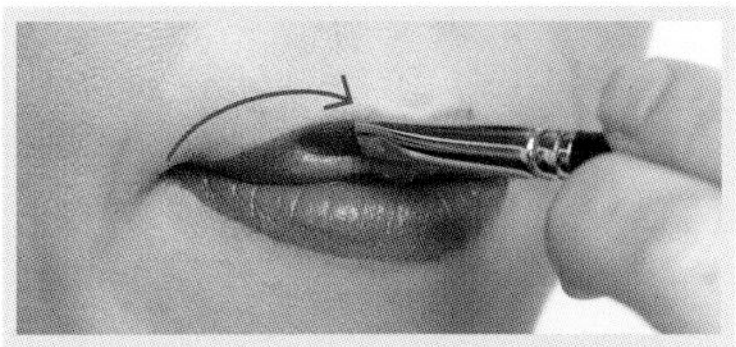

口紅をよくなじませて、筆先ではなく面をあてて圧力をかけるように、丸く輪郭を描く。

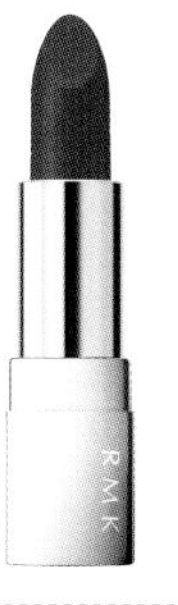

これを使用

濃密な発色とほどよい艶で、凛とした美しさと色気のある唇に。リッチなカラーが長続き。

RMK リップスティック コンフォート ブライトリッチ 10
¥3,500／RMK Division

大人リップメイク

3

lip

リップ

オイル&グロスで ふっくら唇に見せる

　大人の唇はボリューム不足になり、縦ジワも目立ちやすくなります。メイク前にリップクリームで保湿しておくことは大前提ですが、さらにリップメイクの仕上げ方で、シワ感をなくしてふっくら艶唇をつくることができます。

　それは、地の色を生かしてベタつかずに塗れるオイルリップや、潤いと艶を与えるリップグロスを口紅に重ねる方法。上下の唇の中央に塗るだけで立体感が出て、唇全体の高さを表現でき、若々しく元気そうな印象になれます。

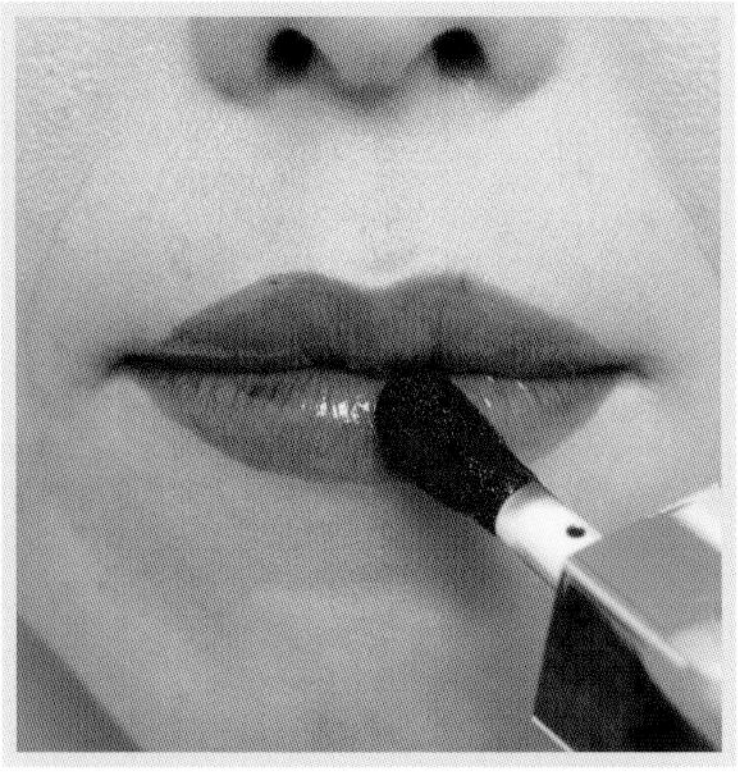

口紅の上に重ねて潤い、艶、立体感をプラス。

これを使用

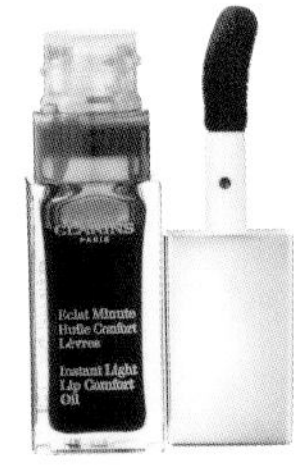

植物オイルの高トリートメント効果と艶で、内側からふっくらするような弾力感を与える。

コンフォート リップオイル 08 ¥3,200／クラランス

大人リップメイク

4

lip

リップ

仕込みリップでにじむような血色感を演出

唇が暗くくすんで見えると、顔全体も疲れた印象になってしまいます。そんなときは、口紅の前にティントリップを仕込むと効果的。内側からじわっとにじみ出てくるような血色感が生まれ、口紅の色持ちもよくしてくれます。

ティントリップは唇を染めて色づけるもの。落ちにくいので、はみ出しを防ぐために唇の輪郭はほとんど塗らないようにするのがコツ。また、指でぽんぽんと塗ると薄づきになるので、失敗しづらく、自然な血色感に見えます。

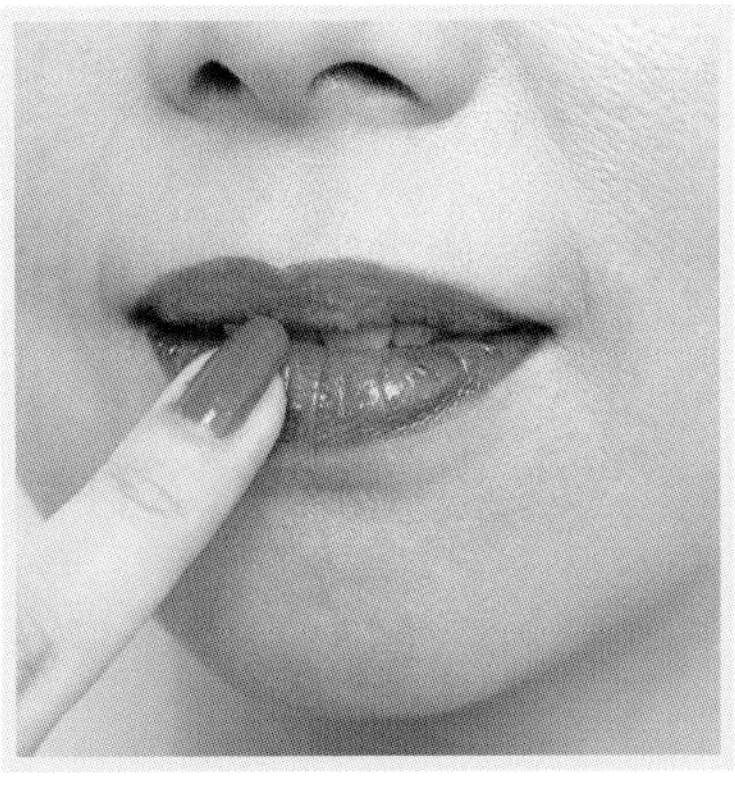

唇を保湿してから、内側メインに指で塗る。

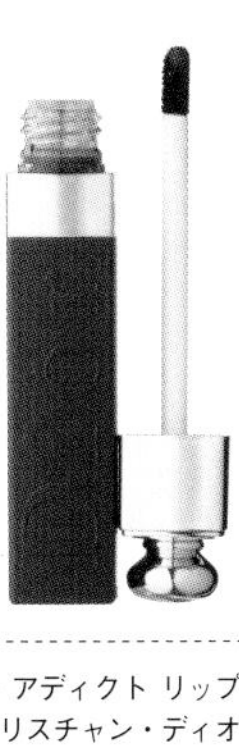

これを使用

心地よく軽やかに、カラーと唇が一体化。食事をしても潤ったナチュラルな血色感が長続き。

ディオール アディクト リップティント 771 ¥3,700／パルファン・クリスチャン・ディオール

これもおすすめ！【リップメイク】

口角が上がり、血色感とふっくら感のある唇をつくるおすすめアイテムをタイプ別にラインナップ。好みや目的に合わせて挑戦してみてください。

CONCEALER /

なめらかリキッド状コンシーラー

筆ペン型

肌なじみが良くくすみやクマなど広めの範囲をカバーでき、細部にも塗りやすいタイプ。

溶け込むようになじむソフトなテクスチャー。重ねるほど透明感、艶、清潔感のある肌に。

ラディアント クリーム コンシーラー 全３色 各 ¥5,000／SUQQU

ハイカバー練り状コンシーラー

スティック型

カバー力が高く、シミやそばかす、ニキビ跡などをピンポイントで隠したいときに便利。

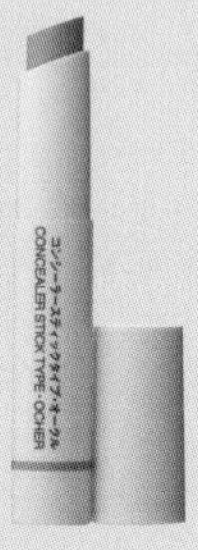

気になる部分に密着して、しっかりカバー。植物性潤い成分配合で保湿力あり。

無印良品 コンシーラー スティックタイプ・ナチュラル 全２色 各¥537／無印良品 銀座

TINT LIP /

チップオンで輪郭もキレイに

リキッドタイプ

とろみがあり、チップで輪郭を取るように塗ることも、ポンポンとのせることもできます。

見たままの色に染まりセミマットな仕上がり。ゲル化したオイル配合で潤いを長時間キープ。

セザンヌ カラーティントリップ CT2 ¥600／セザンヌ化粧品

するする伸びて塗りやすい

スティックタイプ

「染める」という意味のティントは落ちにくいのが特徴。スティックは塗りやすく手軽。

鮮やかな発色でピュアな質感。自然な血色感と、リップクリームのような保湿感が長続き。

オペラ リップティント N 01 ¥1,500／イミュリップケア＆ティント効果も！

多機能リップ用オイル

ケア＆グロスとして単品使いも、リップベースやリップコートとして重ね使いも自由自在。

チェリーオイルをたっぷり配合。唇に潤いを与えて柔らかく整え、自分だけの色に発色。

ディオール アディクト リップ グロウ オイル 012 ¥3,800／パルファン・クリスチャン・ディオール

OIL GLOSS /

ふっくらジューシーに仕上がる

植物オイル入りグロス

植物オイルの保湿力で唇をケアしながら、ピタッと密着してつけたての色と艶が長持ち。

ベタつきのないジェルオイルベースで伸びが良く、唇に溶け込むようなニュアンス発色。

エクセル ニュアンスグロスオイル GO03 ¥1,400／常盤薬品工業

CRAYON LIP /

忙しくても出先でも簡単に使える

一石三鳥リップメイク

保湿、ライナー、リップの３役をこなし、朝のメイクも化粧直しも楽してキレイになれる。

軽いつけ心地で色も潤いも長持ち。クレヨン型なので細かいところもキレイに塗れる。

バーム ステイン 45 ¥1,200／レブロン

LIQUID LIP /

みずみずしい潤いで唇を守る

高保湿リキッド

リキッドならではの潤いとなめらかさで、シワや色ムラの目立たないぷるんとした唇に。

シアーな発色とリッチな艶で立体感のある唇を演出。１本でもほかの口紅と重ねてもOK。

ちふれ リップ ジェル 656 ¥650／ちふれ化粧品

巻末資料

INFORMATION

9人のお悩み解決ポイントと使用アイテム

錯覚メイクでチェンジした9人に使用した
すべてのメイクアイテムを、人別にリストアップしました。
PART2～PART3で、パーツ別、ステップ別、お悩み別に
紹介している内容と合わせてご覧ください。

Case1

伊藤直子さん

50代
後半

P18

お悩み解決①

肌に磨きをかけたい
→絶壁筆で艶肌を仕込む

【下地】……… トリートメント セラム プライマー SPF15・PA+ 30g ¥6,000／SUQQU
【ファンデーション】……… エレガンス スティーミング スキン NA203 SPF23・PA++ 30ml ¥6,000／エレガンス コスメティックス
【スポンジ】………メイクアップスポンジ（リクイッド／クリーム ファンデーション用）2個組・専用ケース1個付き ¥800／Koh Gen Do
【ブラシ】……… ファンデーションブラシ（専用ケース付き）131 ¥1,800／資生堂
【ハイライト】……… シマー リクイド ハイライター 02 ¥3,900／SUQQU

お悩み解決②

まゆの左右差をなくしたい

P64

→まゆ毛のお引越し

【毛抜き】………アイブローニッパーズ N 211 ¥1,300／資生堂
【まゆハサミ】………アイブローシザーズ N 212 ¥2,500／資生堂
【アイブロウペンシル】……… セザンヌ 超細芯アイブロウ 02 ¥500／セザンヌ化粧品
【アイブロウマスカラ】……… アイブロウマスカラ 03 BR（レフィル）¥2,200／イプサ

お悩み解決③

アイメイクが濃くなりがち

P92

→元から美人の目元に

【アイカラー】……… アイグロウ ジェム PK883 ¥2,700／コスメデコルテ
【アイカラー】………エクセル リアルクローズシャドウ CS04 ¥1,500／常盤薬品工業
【アイライナー】……… ケイト　レアフィットジェルペンシル BR-2 ¥1,100（編集部調べ）／カネボウ化粧品

お悩み解決④

若見えする唇に
→上唇オーバーリップ

【グロスリップ】……… ちふれ リップ ジェル 656 ¥650／ちふれ化粧品
【リップ】……… バームステイン 55 ¥1,200／レブロン

その他のアイテム

【チーク】……… ルナソル カラーリングシアーチークス 08 ¥5,000（セット価格）／カネボウ化粧品
【チーク筆】………きのこ筆 中 艶消し黒 ¥17,700／白鳳堂

Case2

葵紀子さん

P20

40代
後半

お悩み解決①

毛穴を目立たせたくない

P40

→凹凸埋め下地でなめらか肌

【スムーザー】…… ミムラ スムーススキンカバー SPF20・PA++ 20g ¥4,200／NAPO

お悩み解決②

若々しい肌に見せたい

P42

→発光艶肌を仕込む

【コントロールカラー】…… ジルスチュアート　イルミネイティング セラムプライマー 02 SPF20・PA++ 30ml ¥3,200／ジルスチュアート　ビューティ
【ファンデーション】…… エレガンス スティーミング スキン IV301、IV303 SPF23・PA++ 30ml 各¥6,000／エレガンス コスメティックス
【チーク】…… ブラッシュクレーム 1 ¥4,500／クレ・ド・ポー ボーテ
【仕上げパウダー】…… ローラ メルシエ ルースセッティングパウダー トランスルーセント 29g ¥4,800／ローラ メルシエ ジャパン
【ファンデーションブラシ】…… ファンデーションブラシ(専用ケース付き)131 ¥1,800／資生堂
#191 ペイント ブラシ ¥6,000／M・A・C(メイクアップ アート コスメティックス)
【携帯フェイスパウダー】…… フェリセラ スライドパウダーブラシ ¥2,500／ビューティーワールド
【スポンジ】…… メイクアップスポンジ(リクイッド／クリームファンデーション用)2個組・専用ケース1個付き ¥800／Koh Gen Do

お悩み解決③

目の下の小ジワを目立たなくしたい

P46

→ピンクみのあるコンシーラー

【コンシーラー】…… NARS ラディアントクリーミーコンシーラー 1246 ¥3,600／NARS JAPAN

お悩み解決④

重くなった目をスッキリ目立たせたい

P88

→つけまつげ&インライン

【アイカラー】…… アイグロウジェム BE882 ¥2,700／コスメデコルテ
【アイカラー】……エクセル スキニーリッチシャドウ SR06 ¥1,500／常盤薬品工業
【アイライナー】…… ケイト　レアフィットジェルペンシル BR-2 ¥1,100(編集部調べ)／カネボウ化粧品
【つけまつ毛】……DAISOのストレートタイプのつけまつ毛／私物
【つけまつ毛フィクサー】……ディーアップ アイラッシュ フィクサーEX 552 5ml ¥900／ディー・アップ
【下まつ毛マスカラ】……UZU モテマスカラ マイクロ ¥1,800／ウズ バイ フローフシ

お悩み解決⑤

薄くなってきた口元を魅力的に

P113

→ティントリップで血色感を演出

【リップ】…… ディオール アディクト リップティント 771 ¥3,700／パルファン・クリスチャン・ディオール
【仕上げリップ】(ティッシュで押さえてから使用)…… ディオール アディクト リップ グロウ オイル 012 ¥3,800／パルファン・クリスチャン・ディオール

その他のアイテム

【アイブロウパウダー】…… アイブロウ クリエイティブパレット ¥4,200／イプサ
【アイブロウペンシル】…… アイブロウペンシル 03 DBR(レフィル)¥1,800／イプサ
【アイブロウマスカラ】…… アイブロウマスカラ 02 PKBE(レフィル)¥2,200／イプサ

Case3

菅沼和歌子さん

P22

40代 前半

お悩み解決① 顔の印象をリフトアップしたい P96

→上昇気流チーク&ハイライト

【チーク】…… ルナソル カラーリングシアーチークス 08 ￥5,000（セット価格）／カネボウ化粧品
【チーク筆】…… きのこ筆中 艶消し黒 ￥17,700／白鳳堂
【ハイライト】…… キャッチライトスティック ピンク ￥3,500／イプサ
【ハイライト】…… シマー リクイド ハイライター 02 ￥3,900／SUQQU

お悩み解決② 口角を上げて若々しい口元に P110

→口角上げコンシーラー

【コンシーラー】…… イヴ・サンローラン ラディアント タッチ #1 ￥5,000／イヴ・サンローラン・ボーテ
【リップ】…… RMK リップスティック コンフォート ブライトリッチ 10 ￥3,500／RMK Division
【オイルリップ】…… コンフォート リップオイル 08 ￥3,200／クラランス

お悩み解決③ まゆ毛のバランスを整えたい

→まゆ山を1ミリ外側へ移動

【毛抜き】…… アイブローニッパーズ N 211 ￥1,300／資生堂
【まゆハサミ】…… アイブローシザーズ N 212 ￥2,500／資生堂
【アイブロウペンシル】…… アイブロウペンシル 03 DBR（レフィル） ￥1,800／イプサ
【アイブロウマスカラ】…… デジャヴュ アイブロウカラー ウォームブラウン ￥800／イミュ

その他のアイテム

【下地】…… ブルーミング グロウ プライマー SPF12・PA++ 25ml ￥6,000／SUQQU
【ファンデーション】…… エレガンス スティーミング スキン IV303 SPF23・PA++ 30ml ￥6,000／エレガンス コスメティックス
【仕上げパウダー】…… エレガンス フェザー ヴェール 001 SPF10・PA+ 20g ￥7,000／エレガンス コスメティックス
【アイカラー】…… エクセル スキニーリッチシャドウ SR06 ￥1,500／常盤薬品工業
【つけまつ毛】…… DAISOのつけまつ毛／私物

Case4 見浪留美さん

P24

40代
後半

お悩み解決①

毛穴を目立たなくしたい
→凹凸埋め下地

【毛穴ケア下地】……………………………… キャンメイク ポアレスエアリーベース ¥700／井田ラボラトリーズ
【毛穴ケア下地】……………………………… 毛穴パテ職人 スムースカラーベース 02 22g ¥1,000／常盤薬品工業

お悩み解決②

目の下の茶クマを解消したい

P56

→アプリコット×イエローのコンシーラー

【コンシーラー】……………………………………… アンダーアイブライトナー 全1種 ¥3,000／ケサランパサラン

お悩み解決③

まゆのバランスを整えたい

P66

→理想のバランスにお引越し

【毛抜き】……………………………………………………………… アイブローニッパーズ N 211 ¥1,300／資生堂
【まゆハサミ】………………………………………………………… アイブローシザーズ N 212 ¥2,500／資生堂
【アイブロウペンシル】………………………………………… セザンヌ 超細芯アイブロウ 03 ¥500／セザンヌ化粧品
【アイブロウパウダー】……………………………………………… アイブロウ クリエイティブパレット ¥4,200／イプサ
【アイブロウマスカラ】……………………………………… アイブロウマスカラ 03 BR(レフィル) ¥2,200／イプサ
【スクリューブラシ】………………………………………………………… ユーアーグラム スクリューブラシ／私物

お悩み解決④

まぶたがくぼみ、影になる

P80

→肌なじみアイカラー

【アイカラー】 ……………………………………… アイグロウ ジェム BE386、BR382 各¥2,700／コスメデコルテ

お悩み解決⑤

目元を華やかに見せたい

P78

→大人のアイメイク

【マスカラ】…………… エレガンス クルーズ カラーフラッシュ マスカラ LV01 ¥2,800／エレガンス コスメティックス
【スクリューブラシ】………………………………………………………… ユーアーグラム スクリューブラシ／私物
【つけまつ毛】………………………………………………………………………………… DAISOのつけまつ毛／私物
【アイライナー】……………………………………… ラブ・ライナー リキッドアイライナーR3 ブラウン ¥1,600／msh

その他のアイテム

【コントロールカラー】…………………… ブルーミング グロウ プライマー SPF12・PA++ 25ml ¥6,000／SUQQU
【ファンデーション】… エレガンス スティーミング スキン IV303 SPF23・PA++ 30ml ¥6,000／エレガンス コスメティックス
【ブラシ】……………………………………………… ファンデーションブラシ(専用ケース付き)131 ¥1,800／資生堂
【コンシーラー】…………………………NARS ラディアントクリーミーコンシーラー 1311 ¥3,600／NARS JAPAN
【チーク】…………………………………………… キャンメイク グロウフルールチークス 09 ¥800／井田ラボラトリーズ
【チーク筆】……………………………………………………………………… きのこ筆中 艶消し黒 ¥17,700／白鳳堂
【仕上げパウダー】…… エレガンス フェザー ヴェール 001 SPF10・PA+ 20g ¥7,000／エレガンス コスメティックス
【リップ】……………………………………………… エクセル ニュアンスグロスオイル GO03 ¥1,400／常盤薬品工業